눈부신 너에게 바치는
100편의 인생 영화들

우리를 성장시킨 영화 100

116 film da vedere prima dei 16 anni
Written by Manlio Castagna
Illustration by Alessandro Ventrella

First edition published in Italy by Mondadori, 2021
Art Director: Fernando Ambrosi - Graphic Designer: Sara Signorini - Illustration by Alessandro Ventrella

우리를 성장시킨 영화 100

초판 인쇄 | 2023년 11월 5일
초판 발행 | 2023년 11월 10일

지은이 만리오 카스타냐
옮긴이 황지영
펴낸이 조승식
펴낸곳 BH balance & harmony
공급처 북스힐
등록 1998년 7월 28일 제22-457호
주소 01043 서울시 강북구 한천로 153길 17
전화 02-994-0071
팩스 02-994-0073
블로그 blog.naver.com/booksgogo
이메일 bookshill@bookshill.com

ISBN 979-11-5971-535-8
값 16,000원

* 이 도서는 BH balance & harmony에서 출판된 책으로 북스힐에서 공급합니다.
* 잘못된 책은 구입하신 서점에서 교환해 드립니다.

눈부신 너에게 바치는
100편의 인생 영화들

우리를 성장시킨 영화 100

만리오 카스타냐 지음 | **황지영** 옮김

BH balance harmony

들어가며

★ ★ ★

100편의 영화라고 하면 굉장히 많아 보이지만 120년 전부터 스크린에 홍수처럼 흘러넘치는 이야기들에 비하면 이 정도는 겨우 물방울에 불과할 거예요. 그래서 여러분께 어떤 영화를 소개할지 선택하는 작업이 매우 어려웠답니다. 두 배 분량의 지면이 주어졌더라도 마찬가지였겠죠. 어른이 되기 전에 봐야 할 작품들이 정말 많기 때문에 다수의 영화를 제외시키는 일이 괴롭기도 했어요.

영화 선정 작업을 할 때 특히 도움된 것이 있었는데, 바로 수집한 작품들을 모으는 열 개의 '상자'였어요. 이 상자에는 영화계의 '주류'에 속하는 유명한 작품들도 필요했고, 소위 예술영화 혹은 독립영화라 불리며 대중에게 덜 알려졌지만 숨겨진 보물 같은 영화도 들어가야 한다고 생각했어요.

그럼 '사랑'을 주제로 한 작품들이 담긴 상자로 시작해볼까요? 사랑은 아이에서 어른이 되는 전환점을 나타내는 중요한 감정이죠. 여기에 속한 영화들은 다양한 형태의 사랑과 사랑하는 마음 때문에 분출되는 여러 감정들에 대해 들려줘요. 이어서 '가족' 상자를 열어볼게요. 가족은 세상을 뒤흔드는 태풍을 피할 둥지가 되기도 하고 때로는 숨 막히는 덫이 되기도 하죠. 어찌 됐든 우리 각자의 이야기는 가정에서 만들어지는 관계들과 떼어놓을 수 없을 거예요.

숨 막히는 현실에서 도망가기 위해 영화 주인공들이 다른 세계로 통하는 문지방을 넘는 경우를 종종 볼 수 있는데요, 우리도 이렇게 세 번째 상자를 열어 볼까요? '상상의 세계'에서 우리는 꿈과 상상력을 마음껏 펼쳐볼 수 있어요. 뿐만 아니라 더 지각 있고 준비된 상태에서 현실로 돌아갈 수 있을지 스스로 실험해 보는 아주 매력적인 곳이죠.

여행을 떠났다가 돌아오면 그것이 상상의 여행이든 아니든 우리는 종종 변하곤 해요. 네 번째 상자에 담긴 이야기들이 들려주는 것처럼 '성장통'을 겪게 되죠. 누군가의 성장기에 관한 깊고도 믿기 힘든 이야기 속엔 상처와 어려움이 자주 등장해요. 그렇지만 잊지 못할 순간들도 분명 있답니다.

상처란 말이 나와서 말인데 다른 무엇보다 우리에게 교훈과 상처를 남기는 것이 바로 '전쟁'이에요. 이 상자에서는 우리를 분노하고 또 반성하게 만드는 가슴 아프고 눈물겨운 영화들을 만날 수 있을 거예요. 어린이와 청소년의 눈으로 바라본 전쟁은 한층 잔인한 얼굴을 드러내죠. 동심을 더럽히고 환상을 오염시키며 꿈을 파괴하기 때문이에요.

한편 직업이나 소명으로 매일 교훈을 남기는 사람도 있어요. 바로 선생님이죠. '인생의 스승'이란 상자에서 만나게 될 영화들은 선생님과의 관계에 대한 이야기를 들려줘요. 선생님은 우리에게 용기를 북돋아주는 원천이 되고, 때로는 화나게 하거나 인내심의 한계까지 우리를 몰아세우기도 하죠. 어쨌든 선생님에 관한 기억과 그들과 맺은 인연은 우리를 한 뼘 더 성장시켜줘요.

때때로 우리는 '질병과 죽음'을 직면하는 법도 배워야 해요. 이 둘은 분명 만만치 않은 주제이지만 어린아이들에게도 금기시되어서는 안 되죠. 고통을 부인한다고 그것이 사라지진 않으니까요. 이 상자에서 만나게 될 영화들이 치료하는 힘이 있는 것은 고통 속에 함몰되지 않고 고통을 우리가 좀 더 잘 받아들일 수 있는 형태로 되돌려주기 때문이에요.

한창 젊은 여러분에게 영화를 추천하려다보니 '학교생활'을 언급하지 않고 지나갈 수가 없더군요. 여러분이 많은 시간을 보내는 공간이기도 하고 또래 친구들과의 관계가 탄생하는 곳이죠. 그중엔 우정도 있고 불화도 있을 거예요. 이 상자에 담긴 영화들은 학교를 미래가 꽃피는 정원으로 소개해요. 하지만 매일 끝나지 않을 것 같은 도전이 펼쳐지는 전쟁터이기도 하죠. 학교 책상 사이에서는 우리의 '꿈과 열정'이 탄생하기도 해요. 이렇게 또 다른 상자를 열게 되었네요. 여기서 소개하는 영화들은 여러분을 날아오르도록 만들 거예요. 여러분의 마음을 움직이고 가장 감동을 주는 일을 시도하게 만드는 자극제인 셈이죠.

우리가 가슴 속에 간직하는 꿈은 때로 살아남기 위한 해결책이 되기도 해요. '생존 투쟁'이란 마지막 주제에서는 어떤 상황에서도 두 발로 딛고 서서 살아남기 위한 고된 전투에 대해 이야기해보는 거예요. 압도되지 않고 자신의 목소리를 내고, 결코 극복할 수 없어 보이는 장애물을 뛰어넘기 위해서 말이죠.

여러분 중 영화를 보고 이해할 준비가 되어있는 친구도 있을 테고 좀 더 시간이 필요한 친구도 있을 거예요. 그래서 영화마다 페이지 상단에 권장 연령을 써두기로 했어요. 하지만 이야기와 그것을 풀어내는 방식에 대해 느끼는 바는 여러분이 직접 경험해보세요.

서로 다른 100가지 테마가 있는 여행을 떠날 준비를 하되 너무 겁먹지 않아도 됩니다. 읽는 순서를 따라가야 할 필요는 없으니까요. 이 책은 각자의 취향이나 그날의 필요에 따라서, 혹은 그냥 자유롭게 원하는 대로 넘겨 봐도 좋아요. 빠져드는 이야기와 무대 뒤의 비화, 영화기술 맛보기, 영화 속 장면을 담은 멋진 그림과 몇몇 이탈리아 배우와 감독의 인터뷰로 한층 풍성해진 이 책을 지도 삼아 흥미진진한 여정을 떠나길 바랍니다. 정말 놓치지 말아야 할 기회거든요!

자, 그럼 준비됐나요? 쇼를 시작하죠!

즐거운 관람 되시기를.

만리오 카스타냐

사랑

문라이즈 킹덤

★ ★ ★

감독 웨스 앤더슨 배우 자레드 길만, 카라 헤이워드, 에드워드 노튼, 브루스 윌리스
15세 관람가, 2012, 미국

1965년 여름, 아이반호 보이스카우트 캠프.

랜디 워드 대장은 늘 그렇듯 모두가 일어났는지 아침 점호를 돌고 있다. 아무런 문제가 없어 보인다. 샘의 55번 텐트에 이르기 전까지는 말이다. 텐트가 아직 닫혀 있지만 대장은 크게 신경 쓰지 않는다. 그러나 아침 식사 시간마저 샘의 자리가 비어있자 워드는 의심을 품는다. 그가 다른 대원들과 55번 텐트로 돌아가서 문을 열자 눈앞에 펼쳐진 광경에 모두가 입을 다물지 못한다. 내부가 잘 정돈된 채로 비어 있었기 때문이다. 한 통의 편지만이 워드 대장 앞으로 남겨져 있다. 워드는 주변을 둘러보다 벽에 붙어 있는 지도 중 하나가 개구멍을 가리고 있는 것을 발견한다. "몰래 도망갔어!"

관객은 그 이유가 사랑의 도피라는 것을 잘 알고 있다. 샘 샤쿠스키와 수지 비숍은 일반적인 상식 밖의 아이들이다. 샘은 위탁 가정에게 많은 골칫거리를 안겨주는 고아이며, 섬의 등대에서 생활하는 수지는 부모님께 '문제 아동을 대하는 법' 지침서를 구입하자고 밀어붙이는, 감당하기 힘든 아이이다. 어쩌면 두 아이는 서로를 위해 태어난 것일지도 모른다. 아이들은 결혼하고 싶어 하지만 아직 너무 어려서 부모님의 허락 없이는 쉽지 않을 것이다.

영화의 각본을 쓴 웨스 앤더슨과 로만 코폴라는 모두 성인이지만 열두 살 소년인 듯 천진난만하게 이야기를 들려준다. 여기에 이 영화의 성공 비결이 있다. 솔직하고 재미있기 때문에 청소년들에게 더할 나위 없으며 어른들에게는 만약 그와 같은 상황이었다면 어떻게 했을지 상상하게 함으로써 어린 시절을 추억하게 한다.

이 영화의 관람포인트

1 그 무엇도 첫 키스만큼 감동적일 수 없음을 상기시켜준다.

2 순수 예술 그 자체인 웨스 앤더슨의 찬란한 영상미를 감상할 수 있다.

3 유년기에서 사춘기로 넘어가는 과정을 사랑스럽고 설득력 있게 묘사하는 보기 드문 작품이다.

영화로운 비하인드

★ 해변에서 춤추는 장면은 어린 주인공들이 그 상황에서 단둘이 있는 것처럼 편안하게 느낄 수 있도록 최소한의 인원으로 가장 마지막에 촬영했다.

★ 촬영이 끝나자 헤이워드는 자신의 배역인 수지가 기르던 고양이를 실제로 입양하기로 했으며 길만 역시 샘의 배낭을 기념으로 챙겨갔다.

★ 웨스 앤더슨 영화만의 차별점은 '이동 촬영'이라 불리는 촬영기법이다. 여기서 촬영 카메라는 레일 위에서 왼쪽과 오른쪽, 수평으로만 움직인다.

"똑똑한 아이들도 때로는
전기콘센트에 손을 집어넣는다."

월플라워

★ ★ ★

감독 스티븐 크보스키 배우 로건 레먼, 엠마 왓슨, 에즈라 밀러
15세 관람가, 2012, 미국

찰리, 눈부시게 아름다운 샘 그리고 트럭 운전대를 잡은 그의 이복 형제 패트릭은 파티가 끝나고 집으로 돌아가는 길이다. 라디오에서는 데이비드 보위의 〈히어로즈〉가 울려 퍼지고 있다. 행복감에 사로잡힌 샘은 멋진 생각이 떠올랐다. "패트릭, 우린 터널을 지나야 해!" 패트릭은 늘 그랬듯 그녀의 말에 따른다.

소녀는 뒷자리에 올라서서 두 팔을 활짝 펴고 차가운 바람을 맞는다. "우리는 단 하루만이라도 영웅이 될 수 있어."라는 가사가 흐른다. 술기운에 아직 정신이 알딸딸한 찰리는 고개를 돌려 샘을 바라보면서 그 순간의 완벽함을 느낀다. 그래서 기분이 어떠냐는 패트릭의 질문에 이렇게 대답한다. "내가 무한해지는 걸 느껴."

찰리는 자신이 사랑하고 또 사랑받을 수 있는 진정한 친구들을 마침내 만났다는 사실을 알고 있다. 그들과 함께라면 모든 일이 좀 더 수월할 것이다.

고통스런 과거에 짓눌린 열여섯 살의 소심한 찰리는 그때까지 아무도 신경 쓰지 않는 벽지 같은 사람이었기 때문이다. 겉보기에는 멋있고 행복해 보이는 두 남매와의 깊은 우정은, 방심할 틈이 없는 고교 생활을 좀 더 안전하게 항해하며 그의 내면에 자리한 괴물에 보다 용감하게 맞설 기회가 될 것이다.

〈월플라워〉는 성장을 주제로 한 최초의 영화는 아니지만 가장 뛰어난 작품 중 하나임에는 틀림없다. 탄탄한 구성에 다양한 부차적 줄거리로 이어진 이야기는 마치 고등학교 생활 그 자체를 보여주는 거울과 같다. 슬프고 재미있으며 어렵고 자극적이기도 하면서 뜨거운 빛깔과 모순으로 가득하다. 모든 것이 변하는 순간을 완벽하게 표현해낸 보석과도 같은 작품이다.

이 영화의 관람포인트

1 아웃사이더로 고등학교 생활을 보내는 이의 당혹감과 외로움, 괴로움을 완벽하게 포착했다.

2 사랑이란 감정이 잘못된 때와 방식으로 주어졌을 때 어떤 고통을 초래하는지, 그러나 서로 닮은 영혼을 어떻게 하나로 연결해주는지를 매우 정확하게 그려냈다.

3 결점을 지닌 세 인물이 103분 만에 우리의 가장 좋은 친구가 된다.

영화로운 비하인드

★ 스티븐 크보스키는 보기 드물게 이 영화의 원작 소설의 작가이자 시나리오 작가이다.

★ 책과 영화의 원제는 'The Perks of Being Wallflower'인데 문자 그대로 해석하면 '병풍 같은 존재로 살아가기의 이점', 다시 말해 '소심한 성격의 장점'을 뜻한다.

★ 영화에는 와인 병을 개봉하는 장면이 나오는데 바로 다음 장면에서는 뚜껑이 닫힌 채로 나온다. 이는 연속성 오류로 영화 편집시 주의해야 한다.

"우리는 우리가 받을 만하다고
생각하는 만큼의 사랑을 받는다."

오만과 편견

★ ★ ★

감독 조 라이트 배우 키이라 나이틀리, 매튜 맥퍼딘, 브렌다 블레신, 도날드 서덜랜드

12세 관람가, 2005, 영국

이것은 18세기 영국의 한 시골 마을에서 시작되는 이야기이다. 무도회가 열리는 날 마을에 온 지 얼마 되지 않은 새로운 인물이 등장한다. 유복하고 밝은 이 청년의 이름은 미스터 빙리. 그는 여동생과 자신보다 부유하지만 그늘진 분위기의 신사, 미스터 다아시와 함께 왔다. 미소라고는 전혀 찾아볼 수 없는 그의 얼굴은 베넷 가문 다섯 자매 중 둘째 엘리자베스의 시선을 끈다. 그녀는 유일하게 조건 좋은 신랑감 찾기에 혈안이 되지 않은 사람이다.

엘리자베스는 우연히 남자들의 대화를 엿듣게 된다. "살면서 귀여운 아가씨들을 이렇게 많이 보기는 처음이에요." 빙리는 감격한 듯 말한다. "여기서 유일하게 아름다운 여인과 춤을 추고 계시네요." 미스터 다아시는 제인을 가리키며 대답한다. "오, 그렇죠. 제가 만난 사람 중 가장 사랑스러운 분이죠. 하지만 그녀의 동생 엘리자베스도 무척 귀엽답니다." "제 눈엔 괜찮은 것 같네요…. 제 마음을 훔칠 만큼의 아름다움은 아니지만." 엘리자베스는 정말 큰 충격을 받았다. 실망감을 감추기 힘든 표정이다. 그의 얄미운 표현이 그녀 마음속에 쓰린 상처를 남긴 것이다. 이처럼 최악의 첫인상으로 시작된 오만한 미스터 다아시와 거만한 엘리자베스의 감정 기류는 장애물과 편견, 오해와 갈등을 거치며 마침내 황야의 가장 뜨거운 일몰처럼 활짝 피어나는 사랑에 도달할 것이다.

영화화된 제인 오스틴의 작품들 중 매력적이고 감동적인 고전으로 손꼽히는 이 이야기는 청춘들의 삶에서 이성과 감성이 끊임없이 대립하는 계절을 그린다.

이 영화의 관람포인트

1. 여성으로 살아가는 삶에 대해 돌아보게 해주며 그동안의 많은 변화에도 불구하고 아직 가야 할 길이 남아 있음을 깨닫게 해준다.
2. 편견이 초래할 수 있는 피해와 그로부터 벗어나려 할 때 만나는 어려움들을 생각해 볼 수 있다. 프리모 레비가 말했듯이 "편견을 뿌리 뽑는 일은 신경을 뽑아내는 것처럼 고통스럽다."
3. 돈의 역할, 사회 계층으로 사람을 차별하는 행위, 자녀의 선택에 부모가 행사하는 압력 등 오늘날에도 여전히 중요한 주제들을 가볍게 직면시킨다.

영화로운 비하인드

★ 매튜 맥퍼딘(미스터 다아시 역)은 시력이 나쁜 편이다. 촬영 당시 안개 속에서 그가 어디로 걸어가야 할지 알려주기 위해 붉은 깃발을 흔들어야 했다.

★ 무도회에서 엘리자베스와 미스터 다아시가 처음으로 춤추는 장면은 설정 숏 대신, 예고 없이 화면에 두 주인공이 꽉 차는 기법으로 촬영해보고 결국 이 방식대로 가기로 했다.

★ 설정 숏은 관객이 사건이 벌어질 공간을 인식하도록 공간을 한 번 이상 넓게 촬영하는 영화 장면을 말한다.

스콧 필그림 VS 더 월드

★ ★ ★

감독 에드가 라이트 배우 마이클 세라, 안나 켄드릭, 키에란 컬킨
15세 관람가, 2010, 미국, 캐나다, 영국

스콧은 여자친구 나이브스와 함께 지금 도서관에 있다. 잔뜩 쌓인 책을 들고 계단을 내려가던 그는 지난밤 꿈에 나왔던 분홍색 머리의 신비로운 소녀를 만난다. 그녀의 아름다움에 눈이 멀어버린 스콧은 주변 모든 것이 느리게 흘러가는 것만 같다. 나이브스는 눈치를 채고 묻는다. "아는 사람이야?"스콧은 대답조차 하지 못한다. 누군가 그의 귀에 대고 외친다. "스콧!!!"

장면이 바뀌며 스콧은 베이스 연주를 맡고 있는 록밴드, '섹스 바밤' 연습실에 와 있다. 하지만 그 소녀에 대한 생각으로 가득한 마음은 영 딴 곳에 가 있다. 밴드 친구들과 파티에 참석한 스콧은 거기서 그녀, 라모나 플라워스를 다시 만난다. 사람들은 모두 네가 어울릴 만한 수준의 여자가 아니라며 그녀를 잊으라고 말한다. 그러나 스콧은 포기하지 않는다. 문제는 그녀와 아직 데이트도 한번 못해봤는데 매튜 파텔이란 사람이 메일로 결투 신청을 했다는 점이다. 결투? 처음에 스콧은 이해하지 못했다. 그런데 점차 그는 아주 곤란한 상황에 빠졌음을 깨닫는다. 라모나와 함께하기 위해서는 그녀의 전 남자친구 7명과 싸워 이겨야 하는데 이들은 두 사람의 행복을 방해하려는 단 하나의 목적으로 모인 '사악한 구연인 동맹'이다.

영화, 만화 그리고 비디오게임을 한데 녹인 다채롭고 기발한 작품이다. 하나의 시각적인 언어를 창조함으로써 판타지와 액션 영화 기술을 새로운 수준으로 끌어올렸다. 못 믿겠다면 직접 확인해보자.

이 영화의 관람포인트

1 비디오게임의 시각적인 미학에 근접한 새로운 형태의 스토리텔링을 제안하는 영화이다.

2 최첨단 기술이란 껍데기 속에 그저 흘러가는 대로 살아보고 또 자신을 발견하는, 가슴 뛰는 로맨틱 코미디를 보여준다.

3 규범을 초월한 인물들이 살고 있는, 시간을 초월한 세계를 바탕으로 일반적인 범주를 초월한 즐거움을 선사한다.

영화로운 비하인드

★ '섹스 바밤' 밴드 배우들은 실제로 합주 연습을 위해 몇 주를 함께 보냈다.

★ 스콧이 아마존 택배를 받기 위해 문을 여는 장면에서 배우 마이클 세라는 33번의 실패 끝에 정확히 어깨 뒤 휴지통 속으로 쓰레기를 던지는 데 성공했다.

★ 스콧 필그림과 매튜 파텔 사이의 전투는 볼리우드(봄베이+할리우드)식으로 전개되는데 이는 복잡한 안무와 풍부한 색채로 가득한 인도 상업 영화 제작 방식이다.

싱 스트리트

★ ★ ★

감독 **존 카니** 배우 **페리다 월시필로, 에이단 길렌, 루시 보인턴**

15세 관람가, 2016, 아일랜드

1985년, 더블린. 코너는 전학을 가야 한다. 식사 자리에서 아버지가 가정형편이 어려워져 긴축 생활이 필요하다고 말했기 때문이다. '싱 스트리트 크리스천 브라더스 스쿨'로 가게 될 텐데 아버지 말에 따르면 명성이 높은 학교이다. 큰 형 브랜든은 반대로 '학생들을 상습적으로 폭행하기로 유명한 학교'라며 동생에게 겁을 준다. "아들아, 그 학교의 교훈이 뭔 줄 아니? 'Viriliter age', 신사답게 행동하라는 뜻이다." 아버지는 말했다. 그리고 새로운 학교생활에 적응하려면 정말 사나이다운 근성이 필요하다. 교문 앞에는 범죄자 같은 얼굴을 한 학생들이 싸우고 침을 뱉으며 코너에게 죽은 쥐를 집어던진다. 그들의 먹잇감이 된 코너는 물 밖에 나온 물고기가 된 기분이다.

머지않아 그는 학교 불량배들의 표적이 되지만 아름답고 도도한 라피나를 만나면서 상황은 좀 나아지는 듯하다. 코너는 자신이 밴드에서 보컬을 맡고 있는 척하며 그녀의 전화번호를 알아내는 데 성공한다. 그녀와 가까워지기 위한 거짓말은 곧 실제 프로젝트가 된다. 싱 스트리트라는 '미래파' 밴드를 결성하고 음악을 하는 것이다.

듀란듀란, 더 큐어, 아하(A-ha)처럼 전설적인 밴드들의 노래에 이끌려 전개되는 이 작품은, 규모는 작지만 사랑스럽고 영감을 주는 주옥같은 영화이다. 사회적인 주제들을 적절하게 엮은 점과 형제들의 관계, 빠져들 정도로 빛나는 대사들은 관객의 마음을 사로잡는 이야기를 탄생시켰다. 놓칠 수 없는 영화가 될 것이다.

이 영화의 관람포인트

1 그리움과 희망이 가득 담긴 영화로 감상하는 것만으로도 기분이 좋아진다.

2 음악이 가진 치유의 힘과 우리를 다른 사람들과 이어주는 능력에 대해 말한다.

3 무언가를 간절히 원한다면 중간에 그만두지 않고 끝까지 가보도록 우리를 이끈다.

영화로운 비하인드

★ 코너와 라피나가 처음 대화하는 장면에서 배경음악으로 아하(A-ha)가 부른 느린 버전의 〈테이크 온 미〉가 흘러나오는데 이후 코너가 라피나에게 처음 불러주는 노래가 된다.

★ 영화에서 코너는 두 번 이상 〈빽 투 더 퓨쳐〉를 언급하는데 이는 아나크로니즘(시대착오)이다. 왜냐하면 〈싱 스트리트〉는 1985년을 배경으로 하고 〈빽 투 더 퓨쳐〉는 아일랜드에서 그해 말에서야 개봉되었기 때문에 그 영화를 알고 있다는 설정이 불가능하다.

★ 아나크로니즘은 과거에 있음직하거나 실제로 일어난 이야기들을 다루는 사극이나 시대물에서 볼 수 있다.

"네 문제는 행복한 슬픔을 모른다는 거야.
하지만 사랑이란 바로 이런 거야. 행복한 슬픔."

서브마린

★ ★ ★

감독 리차드 아요아데 배우 크레이그 로버츠, 샐리 호킨스, 패디 콘시딘
12세 관람가, 2010, 영국, 미국

"철길 다리 밑에서 만나자. 폴라로이드와 일기장도 들고 와, 알았지?" 설득력 있는 어조로 조다나가 올리버에게 남긴 수수께끼 같은 말이다. 그녀에게 홀딱 반한 그는 두말할 것도 없이 약속 장소에 나타난다. 조다나는 스스로 확신에 가득 차있다. 반면 올리버는 둔하고 미련하다. "이제 무릎을 꿇어." 그녀의 명령에 소년은 내키지 않지만 순응한다. "눈을 감아봐."

올리버는 눈을 감는다. 기차가 요란하게 덜컹거리며 그들 위로 지나가는 동안 소녀도 무릎을 꿇고 재빨리 그에게 입을 맞추며 그 순간을 영원히 간직하기 위해 폴라로이드 사진을 찍는다. 그리고 계속해서 입을 맞춘다. 즉석 사진들은 마치 총에서 나온 탄피처럼 땅에 떨어진다. 눈부신 순간이며 잊을 수 없는, 기나긴 입맞춤이다.

첫사랑의 소란과 직면하는 일은 안정된 삶으로 향하는 길에 놓인 수많은 장애물 중 하나일 뿐이다. 순결의 상실, 부모님의 결혼 생활 위기, 조다나 어머니의 질병, 세상과 동떨어진 기분을 느끼는 것 등이 황폐하지만 시적이고 매혹적인 웨일스 지방에서 올리버가 목격한 삶의 모습이다.

공상적이고 조금은 엉뚱하면서도 냉소적인 내레이션과 빛나는 대사로 수놓인 영화이다. 잘 알려지지 않은 이 근사한 작품의 구성 방식은 잠수함이란 뜻의 제목처럼 우리 내면 깊숙한 곳에 자리한 고민, 열망, 고통 등의 정서와 청춘들의 감정을 탐색하도록 안내한다.

이 영화의 관람포인트

1 가벼운 내레이션 톤과 십대 주인공들의 명쾌한 심리분석을 연결시킴으로써 신빙성과 미묘한 빛깔을 더한다.

2 낭만주의를 조롱하는 것처럼 보이지만 우리를 치유하며 동시에 아프게도 하는 사랑을 잘 표현한 영화이다.

3 희극에서 드라마로 옮겨가지만 그 전환을 전혀 감지할 수 없게 함으로써 우리를 미소 짓게 하며 커다란 감동을 안겨주는 이야기이다.

영화로운 비하인드

★ 주인공마다 의상과 소품에 특징적인 색을 갖고 있다. 올리버는 파랑색이며 조다나는 빨강색, 질은 노랑색, 로이드는 갈색, 그라함은 검정색이다. 올리버가 조다나를 알아갈수록 빨강색이 그의 삶에 점점 더 스며든다.

★ 올리버가 그의 죽음에 대한 반응을 상상할 때 언급하는 '미스터 던손(Duntherne)'은 이 책의 원작 소설 작가 이름이기도 하다.

★ 한 장면이 끝날 때 화면이 점차 어두워지다 검은색으로 바뀌는 식으로 장면전환을 강조한다. 이러한 전환 효과를 페이드 아웃이라 부른다.

“인생이 미국 드라마 같았으면 좋겠어.
거기선 상황이 극으로 치닫게 되면
페이드 아웃 되면서 모든 것이 처음처럼
돌아오잖아….”

러브, 사이먼

★ ★ ★

감독 그렉 버랜티　배우 닉 로빈슨, 제니퍼 가너, 조쉬 더하멜
15세 관람가, 2018, 미국

"나도 너랑 같아. 그럭저럭 평범한 삶을 살고 있으니까." 아름다운 집 앞에서 단란한 가족과 함께 열일곱 번째 생일 선물로 멋진 자동차를 받는 장면에서 들려오는 사이먼의 목소리이다. "말한 대로 나는 완벽하게 정상적인 삶을 살고 있어. 단지 어마어마한 비밀을 간직하고 있을 뿐." 이제 사이먼은 창문 너머로 방금 트럭에서 내려 마당에 서 있는 근육질 몸매의 청년을 바라보고 있다. 누구도 의심하지 않는 비밀이 바로 여기 있다. 사이먼은 게이이다. 어떤 사람이 '블루'라는 필명으로 유명한 지역 커뮤니티 게시판에 커밍아웃의 두려움에 관해 글을 올리자 사이먼은 '쟈끄'라는 가명으로 따로 연락을 취한다. 조심스럽게 시작된 두 청년의 교류는 점점 적극적으로 변해간다. '블루'의 정체가 바로 밝혀내야 할 비밀이다. 유력한 후보가 여러 명이라 사이먼은 한 명씩 돌아가며 '혹시 너야?'라며 홀로 추리한다.

〈러브, 사이먼〉의 가장 멋있는 측면 중 하나는 두 주인공 사이에 피어나는 친밀감이 육체적인 것이 아니라 상대방을 돌보고 자신의 정체성이 형성되는 동안 서로를 용납하는 것에 기반한다는 점이다. 애정과 진심이 솔직하게 엮여서 낭만적인 감정의 도화선이 된 것이다.

작가들은 성소수자들의 이야기를 들려주기 위해 청소년 낭만주의의 '친숙한' 성질을 활용하며 적정량의 '비밀'을 작품 속에 잘 섞어준다. 이런 식으로 그들은 신선하고 가벼우면서도 피상적이지 않고 재미있게 서사를 풀어나간다.

이 영화의 관람포인트

1 단 몇 분 안에 관객을 스크린 앞에 묶어두는 각본의 매력이 돋보인다.

2 커밍아웃을 하지 못하는 사람들의 고통에 공감하며 따뜻한 시선으로 그들의 이야기를 들려준다.

3 우리에게 절대적으로 필요한 차별 없는 사회를 기원하는 영화이기 때문에 꼭 봐야 한다.

영화로운 비하인드

★ 베키 앨버탤리의 소설 『첫사랑은 블루』를 원작으로 하며, 할리우드 메이저 배급사(20세기 폭스) 작품 중 최초로 청소년 동성애를 다룬 영화이다.

★ 키넌 론즈데일(블루 역)과 닉 로빈슨(사이먼 역)의 남동생은 이 영화가 제작됨으로써 커밍아웃 할 용기를 얻었다고 밝혔다.

★ 감독은 배우들이 모른 채로 촬영된 클립들이 영화에 포함되어 있다고 밝혔다. 때로는 감독이 '컷'을 외쳤지만 카메라들은 계속 촬영하고 있었기 때문이다. 이때 '컷'은 제작진에게 해당 장면 촬영이 끝났음을 알리는 단어이다.

쇼 미 러브

★ ★ ★

감독 **루카스 무디슨** 배우 **알렉산드라 달스트롬, 레베카 릴예버그**

15세 관람가, 1998, 스웨덴

제시카와 엘린은 고대하던 파티에 함께 가기 위해 수줍음 많은 아그네스가 화장실에서 나오기를 기다리고 있다. "쟤, 레즈비언인거 알고 있었어?" 제시카는 경멸하는 눈빛으로 동생에게 묻는다. "멋지네. 나도 그렇게 되고 싶다." 엘린은 대답한다. 그리고 둘은 돈을 걸고 내기를 한다. 이제 엘린은 남몰래 그녀를 짝사랑하는 아그네스에게 키스해야 할 것이다. 고작 4크로나(약 500원)를 얻기 위해 엘린은 순식간에 아그네스에게 입을 맞추고, 아그네스만 혼자 덩그러니 남겨둔 채로 자매는 신나서 밖으로 빠져나간다.

하지만 그 입맞춤은, 늘 그녀의 환심을 사려는 사람들로 둘러싸인 엘린에게 커다란 전환점이 된다. 엘린은 그 많은 인기에도 불구하고 아말이란 그 '빌어먹을' 도시에서 날이 갈수록 가라앉는 모래 늪처럼 살아가고 있다. 엘린은 여러 충돌과 내적 갈등을 통해 아그네스를 향한 사랑이 유일한 출구가 될 수 있음을 깨닫는다. 겉모습만 자유로워 보이는 사회에서 정해진 체제 순응적 규범을 완전히 뒤집을 수 있는 '반항적'이고 색다른 사랑 말이다.

무디슨 감독은 이제껏 봐왔던 작품 중 가장 충격적이고 파격적인 십대 영화를 유럽 영화계에 선물한다. 세기말을 살아가는 청소년들을 색안경 없이 투명한 눈으로 관찰하고 묘사한다. 날카롭지만 혼란한, 거칠지만 불안한, 뻔뻔하지만 진실한 감정들을 품고 있는 아이들이다. 영화의 등장인물들은 다채로운 감정과 빛깔로 생생하게 표현되었다. 이들은 학교에서 만나거나, 공원 벤치에 앉아있거나, 거리에서 그냥 수다를 떨고 휴대전화를 바라보는 당신과 같이 실재하는 사람들이다.

이 영화의 관람포인트

1 사랑은 성(性)관습이나 강요된 섹슈얼리티 안에 가둘 수 없는 것임을 주장하고 자신을 제대로 아는 일이 다른 사람들에게 인정받는 것보다 중요하다는 것을 말해준다.

2 젊은 배우들의 인상 깊은 연기와 이를 빛내주는 감독의 시선을 통해 주목할 만한 두 여주인공을 만날 수 있는 작품이다.

3 우리 각자의 삶 속에 꿈틀거리는 악몽, 즉 추억할 사건도, 위태로운 일도 없이 매일 똑같이 평면적인 존재로 살아가는 것에 대한 두려움을 완벽하게 그려냈다.

영화로운 비하인드

★ 스웨덴의 아말이란 도시를 배경으로 하지만 야외 촬영은 전부 그로부터 200킬로미터 떨어진 곳에서 진행되었다.

★ 이 영화는 스웨덴에서 〈타이타닉〉의 수익을 넘어서며 스칸디나비아 반도 내 가장 많은 관객을 동원한 영화가 되었다.

★ 감독은 영화에서 잘 사용하지 않는 촬영기법인 줌잉(zooming)기술을 종종 활용했다. 영화에서 줌은 촬영카메라 위치는 그대로 고정하고 줌 렌즈를 사용해 초점 변화를 시도하는 기술이다.

너의 이름은

★ ★ ★

감독 **신카이 마코토** 배우(목소리) **카미키 류노스케, 카미시라이시 모네, 나리타 료, 유우키 아오이**

12세 관람가, 2016, 일본

혜성충돌로 파생된 불꽃으로 수놓인 밤하늘.

"유성이 떨어지던 그날은 마치…" 도쿄 출신의 소년 타키는 자신의 집 테라스에서 이렇게 감탄하며 이야기를 시작한다. 시골에 살고 있는 미츠하도 불빛으로 가득한 그 하늘을 바라보고 있다. 그녀는 타키의 문장을 이어간다. "…꿈속에서 본 장면 같았지." 그리고 이들은 한 목소리로 말한다. "찬란한 광경이었어." 그 사건 이후 정서적인 연결인 줄로만 알았던 둘의 관계는 몸이 뒤바뀌는 것으로 초현실이 된다. 하루하루 한 사람이 상대방의 삶을 산다. 불안감, 당혹감, 경이로운 감정은 곧 서로가 이어져 있다는 인식에 자리를 내주게 되고 스마트폰으로 메시지를 주고받으며 사랑이 싹트기 시작한다. 하지만 시공간적 거리는 넘어설 수 없는 장애물 같기만 하다.

〈너의 이름은〉은 애니메이션이자 초현실적 판타지, 비정형적인 사랑 이야기, 다른 시간과 육체로의 여행, 유령 이야기, 청춘 드라마이다. 애니메이션이란 탁월한 기반 위에 다양한 장르가 균형감 있게 서로 엮이는 모습을 볼 수 있다.

이 영화의 관람포인트

1 꿈의 중요성과 그것을 실현시키도록 우리를 움직이는 의지의 힘을 강조한다.

2 모든 것을 극복할 수 있는 사랑의 힘을 말해준다.

3 우리의 시선을 사로잡으며 빠져들게 만드는 애니메이션의 아름다움을 느낄 수 있다.

영화로운 비하인드

★ 일본에서는 역사상 가장 큰 매출을 올린 네 번째 영화가 되었고 애니메이션으로는 미야자키 하야오의 〈센과 치히로의 행방불명〉에 이어 두 번째 작품이다.

★ 여성의 아름다움과, 창조, 원시적 혼돈을 상징하는 고대 메소포타미아 해양의 여신인 티아마트(Tiamat)를 기리기 위해 영화에 등장하는 혜성에 티아마트라는 이름을 붙였다.

★ 영화는 다양한 애니메이션 기술을 융합하여 사용하며 대표적으로 손 그림과 로토스코프(rotoscope)가 있다. 실사 동작을 촬영한 필름을 활용해서 종이를 대고 한 프레임씩 그려내기 때문에 매우 실제적인 사람의 이미지를 구현할 수 있다.

가족

400번의 구타

★ ★ ★

감독 **프랑수아 트뤼포** 배우 **장 피에르 레오, 앨버트 레미, 클레어 모리어**
15세 관람가, 1959, 프랑스

"드와넬이 도망치고 있다. 드와넬이 도망치고 있다!" 아이들이 소리치는 동안 경비원들은 경보를 울리기 위해 호루라기를 분다. 열두 살 앙트완 드와넬에게 감화원은 정말 지내기 힘든 곳이다. 감화원 동기들과 축구를 하던 중에 경기장 밖으로 나온 공을 던져 넣는 틈을 타서 그는 울타리 쪽으로 달려가 구멍으로 빠져나왔다.

금방 따라잡힐 뻔 하지만 눈치가 빠른 앙트완은 다리 밑에 숨어 경비원들을 따돌리는 데 성공한다. 이제 그는 혼자 자유롭게 가로수가 펼쳐진 길을 따라 달려간다. 숨이 점점 차오르지만 그는 멈추지 않는다. 그 무엇도 그가 목적지에 이르는 길을 막을 수 없다. 머릿속에 단단히 자리 잡은 생각이 그의 다리를 뛰게 만드는 원동력이다. 앙트완은 마침내 해변에 다다른다. 이제 그는 자유롭다. 과연 정말 그럴까?

〈400번의 구타〉는 1950년대 파리를 배경으로 한, 놓쳐서는 안 될 명작이다. 오랜 세월 속에서도 여전히 파격적인 힘과 사춘기 시절의 자유를 칭송하는 메시지를 간직하고 있다. 훗날 영화계의 거장이 된 연출가, 프랑수아 트뤼포는 이 영화를 찍을 당시 고작 스물여섯 살이었고 앙트완 속에 자신의 이야기를 담았다. 또한 이는 자신과 같이 가족이나 학교에서 이해받지 못하는 수많은 청년들의 이야기로, 그들의 행동은 단지 어른들의 관심을 끌고 그들의 무관심과 적개심에 대한 항의의 표시임을 말하고 있다.

이 영화의 관람포인트

1 감독의 말대로 사춘기는 인생에서 반드시 통과해야만 하는 힘든 시기이다. 그런데 다른 사람들에게도 복잡한 시기임을 알고 나면 보다 객관적인 시선으로 문제를 바라볼 수 있다.

2 우정이란 개념을 외로운 두 영혼의 만남으로 표현하고 있다.

3 도피가 늘 직면하기 싫은 것으로부터 도망가는 비겁한 행동은 아니며 때론 우리가 계속해서 꿈을 꿀 수 있는 유일한 방법이라는 것을 생각하게 해준다.

영화로운 비하인드

★ 영화 제목은 프랑스어로 'faire les quatre cents coups du diable'이라는 표현에서 유래했고 온갖 말썽을 피운다는 뜻이다.

★ 모든 대사는 스튜디오에서 같은 배우들이 다시 더빙했는데 야외 촬영 중 '잡음이 섞인' 소리를 깨끗하게 만들기 위함이었다.

★ 누벨바그(새로운 물결)라 불리는 영화 풍조를 대표하는 작품 중 하나이다. 누벨바그는 현실적인 영화를 제작하고 이야기를 '있는 그대로' 보여줘야 한다고 주장하는 운동이다.

“뭐, 나는 가끔 거짓말을 해.
그래… 자주 거짓말을 하지.
사실대로 말하면 사람들은 내 말을 안 믿었거든!”

보이후드

★ ★ ★

감독 **리처드 링클레이터** 배우 **엘라 콜트레인, 에단 호크, 패트리샤 아퀘트**

15세 관람가, 2014, 미국

누군가 "이 영화에서는 무슨 일이 일어나나요?"라고 묻는다면 "인생이 일어난다."라고 대답할 수밖에 없을 것이다. 초등학교 1학년에 재학 중인 메이슨 주니어의 삶 속으로 들어가 보자.

초등학교 시절부터 대학에 진학하기 위해 가족들과 헤어지는 중대한 순간까지 메이슨은 부모님의 이혼, 여러 번의 이사와 전학, 새아버지의 알코올 중독과 폭력에서 비롯된 어머니의 실패감, 다른 아들을 갖게 된 친아버지와의 관계 변화를 경험하며 성장한다.

여기에는 친구들과 처음 술을 진탕 마셔봤던 기억, 볼링 시합, 여자친구들과의 서투른 교제, 메이슨의 괴로움과 열정, 그리고 이룬 목표들이 있다. 말하자면 우리의 어린 시절(영어로 보이후드)을 가득 채우고 있는 크고 작은 성공과 실패가 고스란히 담겨 있는 영화이다.

감독은 등장인물 개개인의 이야기에 집중하며 미국 역사는 배경으로 남겨두고 부시 대통령의 취임, 이라크전, 오바마의 혁명적인 선거 운동 같은 사건들은 에반스 가족 이야기 속에서만 등장시켰다. 그 결과 영화계에서 볼 수 없었던 강렬하면서도 유기적인 구성과 독창성이 돋보이는 작품을 완성해냈다. 〈보이후드〉는 세월이 사람들에게 남긴 흔적을 포착함으로써 무정하게 흘러가는 인생을 실감나게 담아냈다. 인간의 본질과 깊은 내면을 그린 한 편의 서사시이다.

이 영화의 관람포인트

1. 분장이나 특수 효과 없이 세월의 흐름에 따른 등장인물들의 자연스러운 변화를 볼 수 있는 독보적이고 실험적인 영화이다.
2. 누구나 공감할 만한 감정을 보여줌으로써 한 인간의 희로애락을 모두 엿볼 수 있다.
3. 옷차림부터 유행하는 디자인, 음악과 통신 장치까지 단 몇십 분 만에 주인공들을 둘러싼 세계가 어떻게 바뀌는지에 대한 파노라마가 펼쳐진다.

영화로운 비하인드

★ 〈보이후드〉는 실험처럼 시작된 유례없는 장르의 영화이다. 장기간 같은 배우들과 촬영한 작품이기에 이들은 성장하고 늙어갔다. 촬영은 2002년에서 2013년에 걸쳐 총 12년 45일이 소요되었다. 해마다 연기자들과 스텝들은 촬영을 위해 며칠을 모였고 다음해 촬영 약속을 잡았다.

★ '보이후드'라는 제목은 사실 가제였다. 원래 제목은 〈12년(12 years)〉이었는데 영화 〈노예 12년(12 Years a Slave)〉이 나오면서 감독은 제목을 바꿨다.

★ 감독은 메이슨의 여동생 사만다의 역으로 자신의 딸 로렐라이를 출연시키기로 했다. 집에서 늘 노래를 부르고 춤추며 아빠 영화에 출연시켜달라고 졸랐다고 한다.

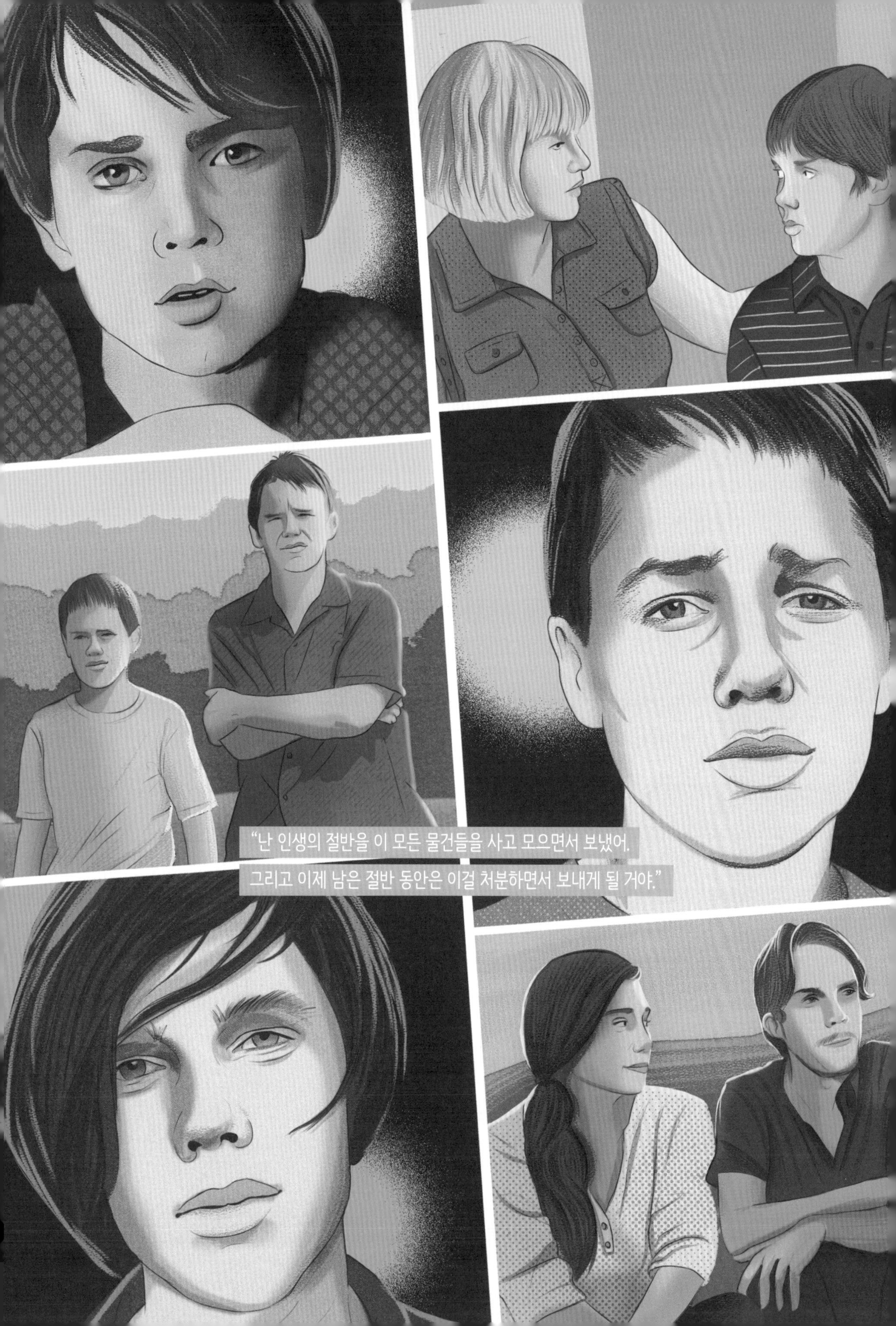
"난 인생의 절반을 이 모든 물건들을 사고 모으면서 보냈어.
그리고 이제 남은 절반 동안은 이걸 처분하면서 보내게 될 거야."

크.레.이.지

★ ★ ★

감독 **장 마크 발레** 배우 **미쉘 코떼, 마크 앙드레 그롱당, 다니엘 프룰**

15세 관람가, 2006, 캐나다

자크는 아버지가 차에 타서 창문을 통해 인사하기를 기다렸다가 부모님 침실로 들어간다. 어머니의 목걸이와 옷을 걸쳐보고, 침대에 누워있는 갓난아기에게 다가가 사랑스런 말로 어른다. "엄마의 귀염둥이야." 그는 숨을 내쉬며 말한다. 그런데 갑자기 아버지가 방문을 열고 들어온다. 미소는 입가에서 굳어버리고 자크의 독백이 들려온다. "아버지 얼굴 위로 녹아내리던 눈이 아직도 생생하다. 나는 고작 일곱 살에 의도치 않게 아버지와의 전쟁을 선포하고 있었다."

이 장면은 영화 전체에 있어 결정적인 순간이다. 돈독한 애정을 자랑하던 자크와 아버지 사이에 금이 간 사건이었다. 아버지는 '계집애' 꼴을 하고 있는 아들의 모습에 큰 충격을 받는다. 사실 자크는 다섯 아들 중 넷째로 가장 예민하고 연약하며, 아직도 이불에 오줌을 싸고, 크리스마스 트리 아래 놓인 여자 사촌들의 선물을 질투하는 아이이다. 핑크플로이드, 롤링스톤스, 데이비드 보위의 음악을 배경으로 펼쳐지는 오토바이 여행, 몰래 핀 담배, 크고 작은 싸움들과 심지어 자신의 성 정체성을 부정하면서까지 무슨 수를 써서라도 아버지와의 관계를 회복하려는 시도 가운데 우리는 1960년부터 1980년까지 장장 20년에 걸친 그의 성장 과정을 따라갈 것이다.

〈크.레.이.지〉는 독특한 유형의 가족 드라마이다. 비디오 클립을 따로 만들어도 좋을 만큼 다양한 시각적 아이디어와 시대의 리듬을 반영하는 음악들은 각 장면의 의미를 강조하고 명확하게 표현해내는 힘을 지니고 있다. 놓쳐서는 안 될 영화이다!

이 영화의 관람포인트

1. 형제들 간의 경멸과 지지, 어머니의 무조건적인 사랑, 동성애에 대한 아버지의 심한 반감과 같이 가족을 뭉치게 하거나 갈라놓는 복잡한 단면들을 깊이 탐험하는 영화이다.
2. 평생을 고통 속에 살고 싶지 않다면 자신의 타고난 모습과 소명은 오랫동안 억압할 수 없다는 것을 알려준다.
3. 이 영화가 선사하는 영상미와 뛰어난 음악 덕에 감동하고 넋을 잃게 될 것이다.

영화로운 비하인드

★ '크.레.이.지'라는 제목은 다섯 형제 이름의 앞 글자인 크리스티앙, 레이몽, 앙트완, 자크, 이반에서 따온 것이며 영화에 나오는 중요한 노래 제목과도 같다.

★ 60만 달러에 육박하는 매우 높은 영화 음악 제작비 때문에 감독과 제작자들은 수익의 상당 부분을 포기해야 했다.

★ 시나리오를 쓰는 작업은 사실 긴 과정의 마지막 단계일 뿐이다. 먼저 몇 페이지 내로 이야기의 주제를 요약하고 이어서 이를 단편소설처럼 발전시키는 가공을 거쳐 마지막에 이야기를 장면으로 나누는 스토리보드가 탄생한다.

“형들은 중요한 사람들이고
너는 그냥 너 자신일 뿐일 때
주목받기란 어려운 일이지.”

흔적 없는 삶

★ ★ ★

감독 **데브라 그래닉** 배우 **토마신 맥켄지, 벤 포스터, 제프 코버**

12세 관람가, 2018, 미국

윌과 그의 딸 톰은 빗물을 막아주는 차양 아래에서 체스를 두고 있다. 이곳은 숲속에 자리한 그들의 집이자 바깥 세상으로부터의 피난처이다. 남자는 근처 개들의 짖는 소리에 귀를 기울인다. "훈련이 아니야." 그는 딸에게 말한다. 그리고서 둘은 밀림 속으로 도망치기 시작한다. 그동안 개를 동반한 경찰들이 그들의 거처에 이른다. 사냥개들이 그들의 옷 냄새를 맡고 추격에 나서는 동안 윌과 톰은 풀고사리 밑에 몸을 숨긴다. 아버지는 결국 발견되고 만다. 그는 경찰들에 저항하지 않고 톰에게도 밖으로 나오라고 말한다. "협조하도록 해, 우리가 잘못한 것도 없잖아." 그는 아이에게 침착하게 말한다. 외상 후 스트레스 장애를 앓는 전쟁 베테랑 윌과 그의 딸은 수년 동안 타인으로부터 떨어져 자연 속에서 지내며 생존하기 위한 규칙과 기술을 익혔다. 하지만 이제는 사회가 제공하는 '일반적인' 생활 방식을 받아들이는 수밖에 없다. 거주할 집과 톰이 다닐 수 있는 학교, 그리고 윌이 다시 사회로 돌아가기 위한 직업 말이다. 남자는 결국 이를 받아들이지 못한다. 그는 이런 사회생활에 적합한 사람이 아니다. 반면 그의 딸은 다른 방식의 삶이 가능하다는 사실을 발견한다.

〈흔적 없는 삶〉은 사회의 경계선에서 특별한 사랑으로 뭉친 두 사람에게 헌정된 이야기이다. 그래닉 감독은 매우 독특한 가족 형태를 있을 법하게 선보이는 데 매우 능하다. 그녀는 서정적이면서도 사실적인 방식으로 이 어려운 일을 해낸다.

이 영화의 관람포인트

1 인간의 사회적 본성과 어떤 공동체에 소속되고자 하는 충동을 보여준다.

2 간접적으로나마 전쟁과 그것이 남기는 참상을 비난한다.

3 서로를 보호하는 아버지와 딸의 관계를 매우 아름답게 그린다.

영화로운 비하인드

★ 벤 포스터와 데브라 그래닉은 보다 사실적인 효과를 위해 아빠와 딸 사이 대사의 약 40퍼센트를 없앴다.

★ 반복적으로 등장하는 해마라는 소재는 윌의 장애를 환기시킨다. 외상 후 스트레스 장애는 뇌의 해마 영역에서 문제가 생긴 것이다.

★ 이 작품은 로튼 토마토 역사상 100퍼센트의 만족 지수를 보유하는 몇 안 되는 영화 중 하나이다. 로튼 토마토는 세계 수준에서 영화의 평균 평점을 정하기 위해 마련된 사이트이다.

디어 프랭키

★ ★ ★

감독 쇼너 오어비치 배우 에밀리 모티머, 잭 맥엘혼, 제라드 버틀러
12세 관람가, 2004, 영국

"이분이 너의 아버지이시다." 엄마가 아홉 살 프랭키에게 설명한다. 청각 장애인인 프랭키는 그 말을 이해하기 위해 얼굴을 보고 입술을 읽어야 한다. 소년은 믿기지 않는다는 듯이 호기심 가득한 얼굴로 한 번도 본 적은 없지만 수십 통의 편지를 주고받은 그 남자를 향해 다가간다. 남자는 어색하게 인사를 나눈다. 사실 그는 친부가 아니라 그 역할을 위해 엄마가 섭외한 낯선 사람이다.

수년 전 남편의 폭력으로 프랭키가 청력을 상실하자 엄마는 그로부터 도망치는 중이지만 아들에게 사실대로 말할 용기가 나지 않았다. 아들의 질문과 그리움을 잠재우기 위해 리지는 아크라 호를 타고 세계를 항해하는 아버지 이야기를 지어낸다. 모든 것이 진짜 같아 보이도록 그녀는 아버지인 척 프랭키에게 편지를 쓰기 시작하며 지상 낙원 같은 곳에서 겪은 아버지의 특별한 모험담을 들려준다. 하지만 그들이 최근 이사 온 도시에 그 배가 정박한다는 소식을 프랭키가 듣게 되면서 거짓말이 탄로 날 위기에 처한다. 그래서 엄마는 아들이 그토록 사랑하는 아버지의 역할을 맡아줄 낯선 사람을 섭외한다.

〈디어 프랭키〉는 좋은 감정들만 지나치게 강조하지 않으면서도 차분한 분위기로 우리의 가슴을 울리는 몇 안 되는 드라마 영화이다. 조용히 전개되지만 반전과 극적인 장면도 적절하게 구성함으로써 이야기에 점점 몰입하도록 만들고 독창적인 결말로 관객의 심금을 울린다.

이 영화의 관람포인트

1 거대한 예산도 호화 캐스팅도 없지만 아버지를 그리워하는 한 아들의 열망을 솔직하게 그린 영화이다.

2 리지의 멋진 모습은 엄마의 사랑과 강인함, 늘 자식을 보호하려고 노력하는 부모의 마음을 떠오르게 한다.

3 어렵고 불완전하기에 더 진실한 인간관계와 인연에 대해 들려준다.

영화로운 비하인드

★ 잭 맥엘혼(프랭키 역)은 청각 장애인 역할을 소화하기 위해 올바른 '발성' 연기를 언어 교사에게 훈련받았다.

★ 술 취한 것처럼 보여야 하는 장면에서 여배우들은 실감나는 연기를 위해 진짜 와인을 마시고 약간 취한 상태로 그날의 촬영을 마쳤다.

★ 대부분의 영화는 다양한 실수를 포함하며 이를 기술용어로 'goofs'라고 부른다. 영화에서 리지가 전망대를 향해 언덕을 오르는 장면을 보면 축축한 풀밭에 꿇어앉기 전에 이미 무릎이 젖어 있는 것을 볼 수 있다.

내 이름은 꾸제트

★ ★ ★

감독 클로드 바라스
배우(목소리) 가스파 츨라테르, 시스틴 무하, 폴린 자쿠우드, 미셸 빌레모, 라울 리베라
전체 관람가, 2016, 스위스, 프랑스

파란 머리의 아홉 살 소년 이카로는 그에게 꾸제트(호박)란 별명을 지어준 엄마가 아래층에서 술에 취한 채 텔레비전 앞에 앉아있는 동안 늘 그렇듯 작은 다락방에서 혼자 놀고 있다. 그는 깡통을 쌓아 올려 성을 만들고 있었는데 갑자기 바람이 불어오는 탓에 탑이 무너지면서 큰 소리가 났고 이에 화가 난 엄마는 위층으로 올라왔다.

겁에 질린 이카로는 스스로를 방어하고자 다락방으로 통하는 문을 엄마의 머리 위로 세게 닫았고 그 바람에 그녀는 계단으로 굴러 떨어졌다. 죽은 듯이 조용한 적막을 깨고 빗방울이 떨어지기 시작했다. 막막함과 슬픔에 젖은 꾸제트는 웅크린 채 벽에 기댄다. 그는 이제 세상에 홀로 남겨졌다.

보육원에 가게 된 꾸제트는 그곳에서 불량 소년 사이먼의 표적이 되기도 하지만 다정하고 든든한 까미유의 도움으로 그곳이 '집'이 될 수 있고 서로가 가족이 될 수 있음을 배운다.

〈내 이름은 꾸제트〉는 플라스티신(점토)으로 만든 인형을 움직여 스톱모션 기법으로 만든 영화로, 가혹하지만 감동이 있는 이야기를 너무 애처롭지 않게 들려준다. 등장인물들의 특성도 매우 잘 잡혀있어서 때로는 간단한 대화만으로 그들의 과거와 기다리고 있는 미래에 숨겨진 무시무시한 사건들을 짐작할 수 있다. 남녀노소 누구나 즐길 수 있는 작품으로 어느 관점에서 보아도 감탄할 만한 영화이다.

이 영화의 관람포인트

1. 죽음, 학대, 성에 대한 호기심과 같이 무겁고 극적인 주제들을 가벼운 목소리로 직면한다.
2. 불안한 가정환경에서 살아가는 일이 아이에게 얼마나 어렵고 고통스러운지를 깨닫게 해준다.
3. 아이의 눈높이에 맞추어 이야기를 풀어나갈 줄 아는 연출가와 시나리오 작가의 능력이 돋보인다.

영화로운 비하인드

★ 이 이야기는 질 파리의 소설 『내 이름은 꾸제트』를 원작으로 한다.

★ 이 영화를 만들기까지, 60개의 세트장을 짓고, 세 가지 의상을 입혀 수작업으로 완성한 54개의 인형을 만들었다. 작업 기간만 2년이 걸렸고 촬영 기간은 8개월이 소요되었다.

★ 점토 인형을 만들어 영화에 생기를 불어넣는 기술을 '클레이메이션'이라고 부른다.

"난 깜짝 파티가 싫어.
심장을 너무 빨리 뛰게 만들거나
큰 실망만 안기거나 둘 중 하나거든."

마미

★ ★ ★

감독 자비에 돌란 배우 앤 도벌, 안토니 올리버 피론, 쉬잔느 클레먼트

15세 관람가, 2014, 캐나다, 프랑스

암흑세계의 분위기를 풍기는 미래의 캐나다. 교통사고로 측면이 부서진 자동차에서 사십대로 보이는 아름다운 여성, 디안이 내린다. 그녀는 피를 흘리면서 아파하지만 아들 스티브가 억류된 병원에서 걸려온 전화를 가까스로 받는다. 디안은 정말 믿기지가 않는다. 병원에서는 분노조절장애로 과잉행동을 보이며 제멋대로인 열다섯 살 된 아들을 다시 데려가라고 한다. 방금 친구를 때렸다는 것이다. 그리하여 실업자인데다 무식하고 거만한 여자와 사나운 사내아이의 험난한 동거가 시작된다. 눈먼 사랑과 난폭한 싸움을 오가는 아슬아슬한 관계 속에서 둘은 서로를 죽일 뻔한 위기도 겪는다. 엄마와 아들을 이어주며 위태로운 균형관계를 유지시켜주는 유일한 인물이 바로 이웃에 사는 카일라이다. 그녀는 초등학교 교사 출신으로 말더듬증을 극복하려고 애쓰는 중이다.

좁은 프레이밍은 간신히 두 사람을 동시에 담아내며 등장인물들의 움직임을 제한하면서 우리의 시선을 가둔다. 폐소공포증을 유발하는 연출 방식에 끝을 맺는 인물은 바로 스티브이다. 그는 스크린 테두리를 향해 밀고 나가면서 문자 그대로 영화의 틀을 '열어버린다'. 이것은 모든 영화 규칙들에 도전하는 엉뚱하고 비범하면서도 꾸밈없는 장면이다.

〈마미〉는 자유롭고 저돌적이면서도 논란을 일으키는 영화이다. 강력하고 부정적인 감정을 불러일으키는 동시에 공감과 자아의 발견을 이끌어낸다는 점은 감독의 재능과 작품의 특별함을 증명한다.

이 영화의 관람포인트

1 엄마와 아들의 통제 불능한 애증관계를 새로운 방식으로 풀어나간다.

2 미숙한 시기의 분노와 격정을 전혀 새로운 영화적 문법으로 들려준다.

3 감정이 최고조로 집약된 개인적이고 감동적인 이야기를 우리에게 선물한다.

영화로운 비하인드

★ 세계 영화계의 신동이라 불리는 감독은 수많은 상을 받은 이 영화를 겨우 스물다섯 살에 촬영했고 이것이 벌써 그의 다섯 번째 작품이다. 첫 번째 장편 영화는 열일곱 살에 써서 열아홉 살에 촬영했다.

★ 돌란 감독은 각본이나 연출뿐 아니라 영화편집, 의상, 제작에도 참여하는데 이는 창조적인 자기중심주의의 예로 볼 수 있다.

★ 영화의 대부분은 1:1의 화면비율로 소개되는데 이 같은 조건에서 스크린의 가시 범위는 완벽한 정사각형이다. 종횡비(aspect ratio)란 화면의 가로 대 세로의 비율을 뜻하며 영화와 텔레비전에서는 세월이 지남에 따라 달라졌다.

“사랑과 구원은 별개예요.”

무스탕: 랄리의 여름

★ ★ ★

감독 데니즈 겜즈 에르구벤 배우 구네스 센소이, 도가 제이넵 도구슬루, 툭바 선구로글루
15세 관람가, 2015, 프랑스

오늘은 터키 어느 마을의 마지막 등교 날이다. 여름이 코앞에 다가왔고 더위로 인해 공기마저 뜨겁다. 랄리와 언니들은 친구들과 바다에 놀러간다. 기뻐서 소리 지르며 책가방을 던지고 교복 차림으로 물에 뛰어든다. 십대들의 천진난만한 놀이이다.

그런데 집에 돌아가자 씁쓸한 미래가 그들을 기다리고 있다. 그들의 유쾌한 놀이가 지역에 퍼진 이상한 소문 때문에 부적절하고 '더러운' 무언가로 변질되고 그들이 해변에서 남자아이들과 어울리며 물의를 일으켰다는 지탄을 받는다. 부모님이 돌아가신 후 함께 살고 있는 할머니는 그들의 순결을 확인하기 위해 한 명씩 화장실에 가두었다. "사내아이들 어깨에 올라타다니 부끄러운 줄도 모르냐!" 할머니는 소리쳤다. 자매들이 행복하게 자란 집은 날이 갈수록 여자들을 가두는 철통같은 감옥으로 변해간다. 그들의 의무는 집안에서 정한 사람과 결혼하는 것 하나 뿐이다. 청바지, 휴대전화, 책, 운동, 컴퓨터와 화장까지 잠재적으로 문란함의 원천이 될 수 있는 모든 것이 제거된다. 학교 수업조차 홈스쿨링으로 대체되는데 이는 특히나 소녀들이 견디기 힘든 수난이다.

〈무스탕: 랄리의 여름〉은 전 세계 여성들이 마주해야 하는 성불평등 문제를 다룬다. 영화 제목은 남성 중심의 세상에 억눌리길 거부하는 다섯 자매의 힘과 자유분방한 정신을 상징한다. 강렬하고 비극적인 서사 속에서 경쾌하게, 때로는 풍자적으로 이야기를 들려준다. 지켜보기 괴롭지만 꼭 봐야 할 필요가 있는 영화이다.

이 영화의 관람포인트

1. 젠더 폭력을 기반으로 한 이야기를 힘차고 아름답게 보여줌으로써 사회 고발과 오락적 요소의 균형을 근사하게 유지한 영화이다.
2. 문화적으로 우리와 거리가 먼 이야기처럼 보이지만 보편적인 인간의 자유문제를 다룬 작품이다.
3. 우리가 반드시 귀를 기울여야 할 구조 요청의 목소리이다.

영화 속 비하인드

★ 축구를 하는 장면은 열두 살 이상의 남자는 참가할 수 없는 실제 경기에서 가져온 것이다. 마지막 순간에 촬영을 금지당하자 감독은 지역방송에서 실제로 녹화한 영상을 활용했다.

★ 촬영이 시작됐을 때 감독은 임신 초기였다. 주요 제작자 중 한 명이 그 사실을 알아차리자 감독은 물러났고 프로젝트는 실패할 위기에 봉착했다. 위기에 처했을 때 다행히 다른 후임 제작자가 들어왔다.

★ 제작자는 영화 제작팀이 창작 사업을 실현하는 데 필요로 하는 기반시설, 자원 그리고 물류를 마련하는 핵심적인 역할을 담당한다.

"집은 우리가 더 이상 나갈 수 없는,
아내를 양산하는 공장이 되어버렸죠."

작은 아씨들

★ ★ ★

감독 그레타 거윅 배우 시얼샤 로넌, 엠마 왓슨, 티모시 샬라메

전체 관람가, 2019, 미국

유리 문 앞에 서 있는 여자의 뒷모습이 보인다. 깊이 숨을 들이쉰 후 들어간다. 그녀의 이름은 조 마치이며 편집자에게 자신의 글을 투고하러 왔다. 남자는 원고의 첫 번째 페이지를 빠르게 읽더니 책상에 던진다. 그리고 다음 장으로 넘어가서 여전히 빠르게 읽어나가며 한 번씩 웃기도 하고 펜으로 원고지에 표시를 한다. 조는 의자에 앉아 어떤 반응이 나올지 몰라 초조하게 기다린다. 마침내 남자가 입을 연다. "채택하겠습니다. 단 몇 가지 부분은 편집한다는 조건으로요." 그녀는 기쁘기보다 놀란 상태다. 하지만 곧 자신이 해냈다는 사실을 실감하며 환희로 가슴이 벅차오른다. 떠나기 전에 조는 다른 원고를 가져와봐도 되는지 묻는다. 남자는 "한 번 검토해보겠습니다. 하지만 젊은 여자가 주인공이라면 이야기가 끝나기 전에 결혼을 하거나 죽는 내용이면 좋겠네요. 어차피 그게 그거니까."

이 대사 속에는 여자를 사회 말단 자리와 아내의 역할로만 몰아내는 19세기 미국의 숨 막히도록 가부장적인 사회 정신이 담겨 있다. 그러나 조는 이 모든 것에 항거한다. 남자를 위해 자신의 꿈을 포기할 마음이 없다. 그리하여 언니들이 남편감을 찾는 일에 모든 것을 거는 동안 그녀는 자신의 직업을 갖고 소설을 출판하기 위해 싸운다.

루이자 메이 올콧의 스테디셀러 소설을 일곱 번째로 영화화한 작품으로 가장 신선하고 현대적이며 십대들의 취향에 가깝다. 과거와 현재를 오가며 시간 순서를 분해하면서 다채롭고 명랑한 모자이크를 만들어낸다. 세계 무대에서 가장 카리스마 있는 젊은 배우들과 메릴 스트립, 로라 던 같이 유명한 배우들의 출연으로 영화가 한층 풍성해졌다.

이 영화의 관람포인트

1 야망, 여성 문제, 자아실현과 같이 오늘날에도 SNS에서 논쟁의 대상인 주제들을 다루는 영화이다.

2 결혼 관계에서 평등할 권리와 마침내 '작은 아씨들' 편이 되는 남자들에 대해 이야기하는 매우 포용적이고 페미니즘적인 영화이다.

3 소설에서 강조하는 '진정한 행복은 타협하지 않고 자기답게 살아가는 데 있다'는 주제를 영화에서 다시 한 번 강조한다.

영화로운 비하인드

★ 자매의 의상에는 각각 고유한 색상이 지정되었다. 맥은 라벤더와 초록색, 조는 빨강과 남색, 베스는 분홍과 갈색 그리고 에이미는 하늘색이다. 어머니는 종종 이 모든 색이 조합된 의상을 착용한다.

★ 엠마 왓슨은 원래 엠마 스톤으로 예정되었던 맥의 배역을 맡았는데, 스톤 역시 영화 〈라라랜드〉에서 왓슨이 포기한 역을 따냈다.

★ 영화는 앞으로 일어날 이야기들을 예고하는 장면으로 시작한다. 이런 기법을 플래쉬 포워드라고 하며 플래시백의 반대말이다.

위 디 애니멀스

★ ★ ★

감독 제레미아 자가 배우 에반 로사도, 라울 카스틸로, 세일라 밴드

국내 관람등급 미분류, 2018, 미국

세 명의 어린 혼혈 아이들 매니, 조엘, 조나는 지금 물속에 있다. 이어서 그들은 슈퍼마켓 냉장 코너에서 자신들이 저지른 기행 때문에 낄낄 웃고 있다. 거리에서는 서로 밀치며 논다. 그래서 영화의 내레이션은 "우리를 보세요."라고 말하며 관객을 집중시키는 것처럼 느껴진다. 세 아이의 그림자는 민속화처럼 벽 위에서 춤을 춘다. "우리가 형제였을 때" 아이들은 자세를 취하며 타악기를 다루듯 테이블을 두드린다. 한 명이 다른 아이의 고기에 포크를 꽂자 그 아이는 이렇게 외친다. "우리는 더 많은 것을 원했다." 오디오의 볼륨을 높이며 선풍기 앞에서 바람을 쐰다. "더 큰 소리." 다양한 이미지를 상영하는 텔레비전. "더 많은 근육." 토마토의 과육을 으깬다. 야만인처럼 숲을 달린다. "우리 셋. 형제." 세 명 모두 야생동물처럼 소리를 질러댄다. "우리는 가족." 그리고 마침내 텐트처럼 덮인 이불 아래에서 손전등으로 어둠을 밝힌 채 잠잠해진다.

영화는 이렇게 시작한다. 불안정한 정서를 지닌 부모 아래에서 방임된 채 살아가는 세 형제의 모습을 보여주는 생각과 기억의 흐름이다. 매니와 조엘이 자라면서 점점 폭력적인 아버지를 닮아가는 동안 가장 예민한 막내 조나는 다른 길을 걷는다. 먼저 어머니를 향한 사랑 속에 숨었다가 일상에 의미를 부여해주는 상상과 그림으로 가득한 자신의 세계로 도피한다.

이 영화는 가족과의 끈을 끊어버리려고 애쓰는 한 아이의 정서적 풍경을 특별한 그림들로 급류처럼 쏟아낸다. 속도를 늦춘 리듬과 희미한 줄거리, 앙상하게 축약된 대사로 결코 쉬운 영화는 아니지만 큰 감동을 선사한다.

이 영화의 관람포인트

1 아이들을 정서적으로 학대하는 일이 그들의 성장에 어떠한 영향을 미치는지 보여주는 영화이다.

2 우리에게 익숙한 영화들과는 달리 집중력 있게 줄거리를 따라가야 하는 작품이다.

3 견디기 힘든 일상에서 상상의 세계가 얼마나 중요한 피난처인지를 강조한다.

영화로운 비하인드

★ 저스틴 토레스의 소설 『위 디 애니몰스』를 원작으로 한 영화로 뉴욕 시골 지역에서 자란 작가의 자전적인 이야기이다.

★ 선댄스 영화제에서 2018년 차세대 혁신가 상을 거머쥔 영화로써 매우 독창적인 작품 세계를 인정받았다.

★ 영화는 16mm 필름으로 촬영되었고, 표준 규격인 35mm 필름으로 변환해야 영화관에서 상영할 수 있었다.

자전거 탄 소년

★ ★ ★

감독 장 피에르 다르덴, 뤽 다르덴 배우 토마 도레, 세실 드 프랑스, 제레미 레니에
12세 관람가, 2011, 벨기에, 프랑스, 이탈리아

진실을 알게 되는 건, 특히 환상이 산산이 부서질 때는 좋지 않은 일이 될 수 있다. 바로 열두 살 소년 시릴에게 일어난 일처럼 말이다. 냉엄한 현실 앞에 시릴을 직면시키는 사람은 그를 돌보는 사만다이다. 사만다는 아버지가 시릴에게 주입시키는 거짓말들을 더 이상 견딜 수 없다. 아버지는 아이를 한 아동 센터에 데려다 놓고서 더 이상 책임지기 싫어했다. 그녀는 시릴을 아버지가 있는 곳으로 데리고 갔다. "아이에게 진실을 알려줘야 할 사람은 제가 아니라 당신입니다." 사만다가 그를 막아서며 말했다. 그렇게 그를 쫓아가자 아버지는 결국 시릴에게 말한다. "넌 더 이상 나를 만나서는 안돼. 선생님과 시설에 있으렴. 이곳이 너에게 좋을 거야." "나에게 전화 안 할 거예요?" 소년은 기어 들어가는 목소리로 묻는다. "응." 그가 짧게 대답한다.

영화는 자신의 부모로부터 당한 거절과 버림받음에 대해 이야기한다. 가슴을 찢어놓는 고통이다. 난폭해진 시릴은 자신이 할 수 있는 대로 반항한다. 굳은 결심으로 찌푸린 얼굴을 하고 그는 페달을 밟으며 거리를 뛰어다니고 문과 창문을 치며 아버지의 사랑을 갈망한다. 아버지의 사랑을 받지 못한 시릴은 자전거를 요구한다. 주말마다 그의 양부모 역할을 하는 사만다로부터 받아들여지기를, 그 구역의 깡패인 웨스로부터 인정받기를 바란다.

두 감독은 부모와 자녀를 판단하지 않고, 사랑으로 그들의 이야기를 들려주는 재능이 있다. 평범한 삶의 드라마를 단순하고 현실적이면서도 등장인물들을 깊이 들여다볼 수 있는 장면으로 보여준다. 지나친 대사나 사건, 액션 없이 감동을 선사한다.

이 영화의 관람포인트

1. 모든 중심에 정밀하게 관찰 당하는 한 소년이 있고, 유년기에서 성인기로 넘어가는 가장 어려운 시기에 겪는 고뇌에 대해 탐구하는 영화이다.
2. 영화는 단순히 인생의 단면일 수 있음을 보여준다.
3. 부모로 태어나는 것이 아니라 부모는 되어 가는 것이라는 도전적이지만 절대적으로 현실적인 개념을 던지는 영화이다.

영화로운 비하인드

★ 시릴이 경찰들로부터 도망치는 것과 같은 몇 가지 장면에서 감독들은 어린 배우들에게 '어떤 장애물 앞에서도 항복하지 말고 싸울 것' 이라는 것만 주문했다.

★ 다르덴 형제는 동화를 떠올리며 시나리오를 구성했다고 밝혔다.

★ 〈자전거 탄 소년〉은 2011년 칸 영화제 경쟁 부문에 진출한 작품들 중 가장 뛰어난 독창성 혹은 탐구정신을 보여준 영화에 수여되는 심사위원들의 그랑프리를 수상했다.

내 인생 특별한 숲속 여행

★ ★ ★

감독 **타이카 와이티티** 배우 **샘 닐, 줄리안 데니슨, 리마 테 와이타**
12세 관람가, 2016, 뉴질랜드

릭 베이커는 경찰차를 타고 뉴질랜드 자연 속에 자리 잡은 사랑스런 농장에 도착한다. 그는 나이가 지긋한 벨라와 헥터 부부에게 위탁되어 그곳에 오게 되었다. 벨라는 처음부터 소년에게 따뜻하게 다가가지만 그는 대꾸 한마디 없다. 대신 말을 하는 사람은 경찰이다. "보시다시피 아주 독종이에요. 반항적인 아이죠." 릭이 무언가를 훔치고, 육교 위에서 침을 뱉고, 도망치고, 주차미터기를 향해 돌을 던지고, 울타리에 불을 붙이며, 트럭 운전사들에게 욕하고, 에어로졸 스프레이로 벽에 낙서를 하는 장면들이 빠르게 지나간다. 끝으로 경찰은 "그런데 우리가 알게 된 사건들만 이정도예요."라며 말을 끝맺는다.

쉽지 않은 전제들에도 불구하고 다정한 벨라는 용기를 잃지 않고 무한한 인내심으로 릭을 맞아들이고 그의 모난 성격을 부드럽게 만든다. 머지않아 릭은 쉽게 화를 내는 헥터의 존재에도 불구하고 집에 있다는 안도감을 느끼게 된다. 그런데 불행한 사건이 일어나 릭을 집에서 멀어질 위기에 빠뜨린다. 그는 이를 받아들일 수 없어 숲으로 도망치고 헥터는 할 수 없이 그를 따라나선다. 그들을 쫓는 사람으로부터 도망치면서 두 사람은 각자의 다름을 내려놓고 살아남기 위해 협력해야 한다.

와이티티의 영화들은 다소 무거운 주제도 전대미문의 코미디와 예리한 풍자로 풀어내는 천재적인 능력으로 관객들을 놀라게 한다. 이 경우에 감독은 픽사가 제작한 〈업〉에서 사용한 흥행 공식을 새롭게 인용하며 불손한 색채를 입히고 슬픈 아름다움을 뿌린다. 보석 같은 작품이다.

이 영화의 관람포인트

1 어지러울 정도로 빠른 속도이지만 풍자적이면서도 도발적 성격을 띠는 아름다운 성장 이야기를 제안한다.

2 잦은 분위기 변화로 관객을 놀라게 하면서도 많은 감정을 전달한다.

3 뻔뻔함과 괴로움, 재능과 지혜로 똘똘 뭉친 거부할 수 없는 매력의 주인공과 무뚝뚝한 삼촌 헥터 사이의 호흡이 완벽하다.

영화로운 비하인드

★ 몇 번에 걸쳐 릭은 그들이 〈반지의 제왕〉 같은 모험을 하고 있다고 말한다. 흥미롭게도 피터 잭슨의 판타지 사가는 뉴질랜드의 같은 자연을 배경으로 촬영되었다.

★ 와이티티 감독은 영화에서 성직자라는 작은 배역을 맡았다. 게다가 엉뚱한 찬사가 들려오는 유쾌한 장례식 장면은 실제 경험을 바탕으로 탄생했다.

★ 영화가 시작할 때 감독은 릭의 반항 사건들을 몽타주 기법으로 회상함으로써 소란했던 그의 과거를 요약하여 보여준다. 이 방식은 공간과 시간, 정보를 함축적으로 표현하기 위해 짧은 촬영 숏들을 연속적으로 배치하는 편집기술이다.

상상의 세계

센과 치히로의 행방불명

★ ★ ★

감독 미야자키 하야오 배우(목소리) 히이라기 루미, 나츠키 마리, 이리노 미유

전체 관람가, 2001, 일본

여행 도중 정차한 유령 도시의 여관에서 온갖 음식으로 배를 채우려는 부모님을 남겨둔 채 열 살 소녀 치히로는 그곳을 둘러보기 위해 나선다.

나무다리를 지나자 어마어마한 크기의 건물이 우뚝 서 있고 표지판에는 '온천'이라 적혀 있다. 순간 소녀의 어깨 뒤로 한 소년이 나타난다. 그는 좀 화가 나 보인다. "곧 해가 질 거야. 그 전에 돌아가도록 해."

말이 끝나자마자 온천에 불이 켜진다. 소년은 한층 더 걱정스런 눈치다. 어느새 어둠이 드리웠고 희미한 유령과 이상한 생명체들이 모습을 드러낸다. 하지만 치히로가 진짜 놀랄 만한 사실은 아직 등장하지 않았다. 그녀의 부모님은 거대한 돼지로 변해버렸고 치히로 자신은 서서히 형체를 잃어가고 있다. 누군가 그녀의 이름을 훔쳤고 그것을 되찾아야만 마법에 걸린 세계를 빠져나올 수 있을 것이다.

시대를 통틀어 가장 세련된 애니메이션 영화 중 한 편이 들려주는 특별한 모험이 이렇게 시작된다. 상상력에 한계가 없는 이야기에는 화면마다 복잡미묘한 그림을 그리는 미야자키의 풍성함이 더해진다. 이 작품은 온 가족이 꼭 봐야 할 영화로 아이들과 마찬가지로 어른들도 등장인물들과 상황들에 매료될 것이다.

이 영화의 관람포인트

1 절대적인 아름다움을 간직한 수천 개의 작은 그림을 통해 한 소녀의 모험을 들려주는 거장 미야자키의 예술에 감탄할 수 있다.

2 반자본주의적이고 환경 운동의 색채가 강한 메시지를 전달한다.

3 나이를 불문하고 자신의 목표를 달성하기 위해 책임감을 갖고 열심히 일해야 한다는 중요한 가치를 전달한다.

영화로운 비하인드

★ 이 영화는 다양한 기록을 보유하고 있다. 그 중에는 일본 역사상 가장 큰 수익을 올린 것과 최초로 오스카 후보에 올라 최고 애니메이션 영화상을 수상한 기록이 있다.

★ "일본에서는 이것을 지칭하는 단어가 따로 있어요. '마'라고 부르는데, 바로 여백을 의미하죠. 멈춤 없이, 호흡 없이 활동만 계속 하는 것은 광기일 뿐입니다." 그의 말처럼 미야자키는 자신의 영화에 늘 아무런 행동이 없는 장면들을 넣곤 한다.

★ 센과 치히로의 행방불명은 각본이 아닌 미야자키의 스토리보드를 기반으로 제작되었다. 스토리보드는 영화를 그림으로 만들어 어떤 이야기가 될지 알려주는 스케치로, 보통 수백 개의 그림 시리즈를 말한다.

“눈을 감고 너의 영혼이
날아오르도록 해봐.”

코렐라인: 비밀의 문

★ ★ ★

감독 **헨리 셀릭** 배우(목소리) **다코타 패닝, 테리 해처**

전체 관람가, 2009, 미국

코렐라인은 자신의 방에서 무료함을 달래고 있다. 이사 온 지 얼마 되지 않은 그녀는 얼마나 외로웠는지 책상 위 오랜 친구들의 사진에 자기를 잊지 말아 달라며 말을 건다. 불을 끄고 그녀를 놀랍도록 닮은 신비로운 인형에게 잠들기 전 인사를 한다. 그녀는 인형을 '작은 나'라고 부른다.

금방 잠이 들지만 찍찍거리는 소리에 소녀는 잠이 깨고 만다. 문 아래로 이상한 쥐가 기어들어가 복도 쪽으로 도망가는 모습을 본다. 호기심 많기로 유명한 코렐라인은 그렇게 쥐를 쫓아간다. 쥐는 전날 저녁까지만 해도 벽돌 벽의 장식이었던 작은 문 앞으로 그녀를 인도한다. 그런데 이제 그 문이 열리고 어두운 복도가 보인다. 코렐라인은 문지방을 넘어 저편에서 다시 자신의 집을 발견한다. 모든 것이 똑같아 보인다. 어떤 목소리가 부엌에서 그녀의 이름을 부르기 전까지는. 소녀는 목소리를 따라 간다. 그녀를 기다리고 있는 여자는 엄마를 정말 닮았다. 자세히 보니 더 예쁘다. 그런데 눈이 있어야 할 자리에 단추가 달렸다! 혼란스러운 코렐라인에게 여자는 "나는 너의 또 다른 엄마야."라며 그녀를 안심시킨다.

〈코렐라인〉은 관습에 얽매이지 않는 용감한 소녀의 이야기이다. 그녀는 두 세계 사이에서 동요하는데 하나는 그녀가 원래 속한 회색빛 세계로 가족과의 교류가 거의 없다. 비밀의 문 뒤에서 펼쳐지는 나머지 하나는 화려하고 다채로우며 부모님은 그녀를 행복하게 해주기 위해 뭐든지 하려고 한다. 우리 내면에 두려움이 깃든 컴컴한 곳을 깊이 들여다보게 만드는 이야기가 신선한 충격을 선사한다.

이 영화의 관람포인트

1 우리 삶 가운데 작더라도 아름답고 매혹적인 무언가를 늘 찾으라고 조언한다.
2 실재하는 것과 보이는 것 사이의 관계를 성찰하게 만든다.
3 우리를 가두고 규정하는 완벽한 세계보다 사랑하는 사람들과 함께하는 불완전한 현실이 훨씬 낫다는 사실을 가르쳐준다.

영화로운 비하인드

★ 이 영화는 닐 게이먼의 소설을 원작으로, 자신의 딸 홀리에게 잠들기 전 들려줄 이야기로 탄생하게 되었다.

★ 영화는 2년에 걸친 준비기간 후 1년 반 동안 촬영되었다.

★ 이 영화는 전체 3D로 촬영한 최초의 스톱모션 영화이다. 스톱모션은 인형이나 무생물을 활용한 애니메이션 기술로, 이들을 아주 조금씩 옮겨 위치를 바꿀 때마다 사진을 찍어서 이 사진들을 빠르게 연속적으로 상영하면 움직이는 것처럼 보인다.

"나는 내가 갈망하는 모든 것을 원하는 게 아니야.
누구도 그걸 진짜로 바라지는 않을 거야.
내가 갈망하는 모든 것을 가질 수 있다면
그게 무슨 재미가 있겠어?"

도니 다코

★ ★ ★

감독 리차드 켈리　배우 제이크 질렌할, 매기 질렌할, 패트릭 스웨이지
15세 관람가, 2001, 미국

1988년 10월 2일. 현재시각 00:00.

"일어나." 굵직한 목소리가 단호하게 명령한다. 도니 다코는 자기 방 침대에 앉아 있다. 그는 가수면 상태로 보인다. 목소리는 그에게 밖으로 나가라고 말한다. 거기에 응하는 도니를 보고 우리는 그가 몽유병을 앓고 있음을 알 수 있다. 그는 골프장으로 향하는데 그곳에 토끼 탈을 쓴 수상한 형체가 나타난다. 그를 거기까지 인도한, 불분명하고 변조된 쇳소리가 이렇게 예언한다. "28일 6시간 42분 그리고 12초 후 바로 그때 세상이 멸망할 것이다." 그때 깜짝 놀랄 정도로 큰 소리가 들린다. 무슨 일이 일어났는지 골프장에서 밤을 보내고 돌아온 다음날 아침에서야 알게 된다. 한 비행기의 거대한 엔진이 그의 집에 떨어졌는데 정확히 도니의 방 위로 떨어지면서 방을 완전히 파괴해버렸다. 도니는 자신의 팔에 싸인펜으로 28:6:42:12라는 숫자가 써진 것을 발견한다. 이 낙서는 2000년도에 등장한 가장 기발하고 엉뚱한 영화 중 한 편에서 일어난 돌발 사건이다. 그날 밤 이후로 인간-토끼 프랭크는 계속해서 도니를 찾아온다. 프랭크는 늘 어울리지 못하고 계속 방황하다 수수께끼가 되어버린 그의 삶에서 도니가 의미를 찾아내도록 안내할 것이다.

청소년 공상 과학과 컬트 공포, 미스터리, 심리 스릴러와 드라마 같이 서로 다른 장르를 매우 성공적으로 결합한 영화이다. 〈도니 다코〉는 도무지 분류할 수 없는 독특한 작품으로, 관객의 심장을 뛰게 하며 눈을 반짝이게 하고 뇌를 단단히 죄는 힘을 지닌 영화다. 약 20년이 지난 시점에도 그 이야기의 해석은 여전히 수수께끼로 남아 있다.

이 영화의 관람포인트

1. 마치 불면과 수면 사이에 매달려 있는 듯한 차원에서 100여 분을 보낼 수 있다.
2. 좋은 이야기들은 정답을 제안하는 데 그치기보다 우리 안에 종종 의문을 심어 놓는 힘을 가지고 있다는 것을 이해하게 만든다.
3. 현상 너머의 것을 보는 법에 익숙해져야 한다고 말하듯, 한 시골 마을의 잔잔한 현실 아래 일렁이는 어두운 정신을 탐험할 수 있다.

영화로운 비하인드

★ 다코 남매로 등장하는 배우 제이크 질렌할과 매기 질렌할은 실제 남매 사이이다.

★ 세계 종말의 숫자(28:6:42:12)를 모두 합하면 88이 나오는데, 영화의 배경이 88년도이다. 그리고 각 숫자에 1을 빼거나 더하면 27:7:43:11이 나오는데, 이것은 이른바 별의 시간이 지속되는 기간과 정확히 일치한다. 즉 달이 지구 주위를 도는 데 소요되는 평균 시간이다.

★ 감독은 이 영화의 제작자로도 참여한 배우 드류 베리모어 덕분에 배급사를 찾을 수 있었다고 말했다. 배급은 영화에 있어서 핵심적인 요소이다. 작품이 영화관에서 상영되기 위해서는 이를 보급하고 홍보하면서 판매할 회사가 필요하다.

“태어날 때부터
비극의 피가 흐르는 사람들이 있지.”

가위손

★ ★ ★

감독 **팀 버튼** 배우 **조니 뎁, 위노나 라이더, 다이앤 위스트**
15세 관람가, 1990, 미국

화장품 외판원 펙은 의문의 성을 방문하기 위해 조용한 마을이 내려다보이는 언덕을 오른다. 버려진 것 같아 보이는 대저택에는 기이한 금속 기계들이 숨겨져 있다. 그리고 지붕이 내려앉은 다락방에서 그녀는 믿기 힘든 모습의 사람을 만난다. 어둠 속에서 에드워드라는 이름의 고독한 젊은이가 등장한 것이다. 그는 검은색 옷을 입고 이상한 머리 모양을 하고 있는데 무엇보다 손가락 대신 치명적인 칼날을 갖고 있다. 펙은 뒷걸음질 친다. 하지만 그녀의 강한 모성애 덕분에 공포는 오래 가지 않는다. 그 청년은 자기 자신에게 말고는 위험하지 않다. 손 대신 지닌 가위는 창백한 얼굴에 깊은 흉터를 남겼고 어떤 물건도 들어 올릴 수 없게 만든다. 에드워드를 안타깝게 여긴 그녀는 청년을 자기 집에 데리고 가기로 결심한다. 그곳에서 그는 펙의 가족을 만나고 그녀의 아리따운 딸, 킴에게 홀딱 반한다. 처음에는 가위를 사용하는 재능 덕분에 지역 사회에서 그를 비범한 사람이라고 여긴다. 그리고 킴은 그를 위험한 사람이라 생각해 멀리한다. 하지만 시간이 지나면서 두 젊은이들 사이에서 사랑이 싹트고 마을 사람들이 에드워드에게 등을 돌렸을 때 킴만이 그를 무조건적으로 믿고 따라준다.

시대를 초월한 명작, 단번에 알아볼 수 있는 팀 버튼표 판타지 동화는 영원히 잊을 수 없는 주인공을 그린다. 나약하고 서투르며, 순진한 만큼 창의력도 넘치는 반영웅 말이다. 영화는 기쁨에서 우울함까지 다양한 감정들을 훌륭하게 이끌어내며 능숙한 솜씨로 마법 같은 분위기를 만들어낸다. 〈가위손〉은 완벽하지 않지만 그보다 나은 순수한 마법 그 자체이다.

이 영화의 관람포인트

1 순진하고 순수한 영혼은 때로 그들을 이해하지 못하는 사회로부터 위협 받지만 귀한 가치가 있다는 사실을 상기시킨다.

2 남녀노소 불문하고 모두가 소파에 앉아 함께 관람할 수 있는 현대 동화이다.

3 웃기고 울리며, 생각하게 만들다 끌어들이고, 사랑과 소외에 대해 이야기하고, 나쁜 사람처럼 보이는 선한 이들과 첫눈에 완전무결해 보이는 사악한 사람들을 대조적으로 보여준다.

영화로운 비하인드

★ 이 영화는 팀 버튼이 십대 시절 그린 인물에서 영감을 받았다.

★ 조니 뎁은 배역을 준비하기 위해 몇 달 동안이나 찰리 채플린의 무성영화를 봤다. 실제로 영화 전체에서 그의 대사는 169개 단어뿐이다.

★ 영화는 1895년에 '소리 없이' 탄생했다. 당시 배우들은 대사를 했지만 목소리가 녹음되지 않았다. 그들의 대사는 화면 전체를 차지하는 푯말에 실려 이미지와 번갈아가며 상영되었다.

이티(E.T)

★ ★ ★

감독 **스티븐 스필버그** 배우 **헨리 토마스, 드류 베리모어, 피터 코요테**

전체 관람가, 1982, 미국

엘리엇은 어둠 속에 누군가 있다는 사실을 알고 있다. 아무도 그의 말을 믿어주지 않지만 이런 확신을 갖게 된 지 꽤 오래 됐다. 며칠 전 저녁 형 마이클과 그의 친구 무리가 배달 온 피자를 가져오라고 시켰을 때 오두막에서 무슨 소리가 났고 그를 펄쩍 뛰게 만들었기 때문이다. 그렇게 엘리엇은 밤새 마당을 감시하기로 결심한다. 손전등을 켠 채로 잠이 들었다가 작은 소동에 깬다. 겁에 질려 수상한 빛이 비추는 오두막 문 쪽으로 고개를 돌린 그 순간 마주친 놀라운 광경에 그는 숨이 멎을 것만 같다. 인간과 비슷한 형태의 생명체가 이상한 소리를 내면서 점점 다가온다. 그리고 우툴두툴한 손가락 두 개를 내민다. 소년은 무서워 기절하기 일보 직전이다. 하지만 이 생명체는 해를 입히려는 것이 아니라 며칠 전에 엘리엇이 집 주위에 미끼로 뿌려둔 사탕을 돌려주고 싶은 것뿐이다. 영화 역사상 가장 유명하고 감동적인 우정이 이렇게 시작된다. 아버지의 존재가 절실한 소년과 타고 온 우주비행선에서 낙오되어 지구에 남겨진 외계인의 우정이다. 가족이 얼마나 중요한 존재인지 잘 알고 있는 엘리엇은 형, 여동생과 힘을 모아 외계인이 집으로 무사히 돌아갈 수 있도록 무슨 일이든 할 것이다.

이 작품은 함께 성장하며 평생을 친구처럼 옆에 있어 줄 영화이다. 결점을 찾아볼 수 없는 이야기 구성으로 '감정 이입'이란 단어의 의미를 극대화시킨다. 극적인 힘이 폭발하는 순간들, 독창적인 발명, 배 찢어지게 웃긴 장면들, 건강한 공포로 처음부터 끝까지 등장인물들의 감정에 몰입하게 만들기 때문이다.

이 영화의 관람포인트

1. 이상한 걸음걸이, 놀라서 지르는 날카로운 비명, 사람의 말을 흉내 내는 우스꽝스러움, 명대사 "이티 집에 전화"로 이티는 영화 역사상 가장 흥미로운 캐릭터 중 하나이다.
2. 우정은 피부 색, 인종, 종교 그리고 '출신 행성'조차 차별하지 않는 힘이 있다.
3. 어린이들에게 헌정된 영화로, 어른의 얼굴이 화면에 거의 등장하지 않고 프레이밍은 아이들 키에 맞춰 구성되었다.

영화로운 비하인드

★ 이티의 동작을 만들어낼 때 난쟁이 스턴트맨과 다리 없이 태어나 팔로 걷는 법을 익힌 12살 소년의 활약이 있었다.

★ 배우 드류 베리모어(거티 역)는 펑크 밴드 드러머 분장을 하고 등장해서 배역을 따냈다. 헨리 토마스(엘리엇 역)는 오디션에서 이티와 헤어진 슬픔을 표현하기 위해 반려견의 죽음을 상상했다. 감동한 스필버그 감독은 그를 바로 캐스팅했다.

★ 이티 역의 성우는 담배를 많이 피워 특유의 허스키한 목소리를 만들었다. 외계인이 내는 다른 소리는 너구리, 해달, 말의 울음소리를 섞었다. 음향감독은 목소리, 소리, 잡음 그리고 음악을 적절히 섞어 사운드 트랙을 기획하고 제작한다.

곰들이 몰려온다!

★ ★ ★

감독 **로렌조 마토티** 배우(목소리) **토니 세르빌로, 안토니오 알바네제, 린다 카리디**
전체 관람가, 2019, 이탈리아, 프랑스

무성한 숲의 어둠 속에서 커다란 망토를 두른 긴 수염의 남자와 코트 속에 몸을 감춘 소녀가 등장한다. 눈으로 그들의 발걸음은 무거워졌고 공기마저 얼어버렸다. 알메리나는 춥고 배가 고프지만 제데오네는 소녀를 다그친다. 자신들의 이야기를 전하려면 칼타벨로타 마을까지 이르러야 한다. 어느 순간 그들은 한 동굴 앞에 서 있다. "만약 이곳이 곰이 사는 굴이라면 어떡해요?" 소녀는 겁먹은 채 묻는다. "시칠리아에 곰이 사라진 지 수백 년이야." 제데오네가 대답한다. 두 사람은 밥을 먹고 쉬기 위해 동굴에 들어가는데 무거운 발소리와 사나운 짐승의 울음소리를 감지한다. 어둠 속에서 늙고 거대한 곰이 나타난다. 처음엔 당황하지만 제데오네는 곧 곰에게 그들을 해칠 의도가 없음을 알아채고 그를 깨운 일을 사과하기 위해 곰이 주인공인 이야기를 선물한다. 어쨌든 그들은 전문 이야기꾼이니까. 그렇게 해서 그 유명한 시칠리아 섬을 침략한 곰들의 이야기가 시작된다.

이 액자구조에서는 곰들의 왕 레온지오가 공동체의 늙은 현인의 조언에 따라 자신의 아들 토니오를 구하기 위해 시칠리아 왕국에 가기로 결심한다. 그러나 인간들은 그들을 결코 따뜻하게 맞이하지 않는다.

디노 부자티의 소설에서 시작하여 거장 로렌조 마토티가 만든 이 동화는, 우리의 시선을 사로잡으며 중요한 주제를 다루고 있다. 곰들이 순수하게 살아가는 자연 세계와 악습으로 부패한 인간 세계를 비교하며 보여주는 것이다. 이탈리아에서 시작해 국제적으로 제작되었고, 어린 아이들은 물론이고 세련된 어조로 어른들도 반하게 만든 애니메이션계의 걸작이다.

이 영화의 관람포인트

1. 마토티 감독이 직접 말한 대로 "인생에 대해 생각하게끔 만드는 아이들을 위한 영화"이다.
2. 장면마다 화려한 액자 속 작품을 보는 듯한 멋진 영상미를 선사한다.
3. 자연과 동물의 세계, 그리고 인간의 관계를 생각하게 한다.

영화로운 비하인드

★ 영화를 위해 만든 특별한 등장인물들이 있다. 원작 소설에는 찾아볼 수 없는 이야기꾼 제데오네, 그의 조수 알메리나 그리고 늙은 곰이다.

★ 이탈리아판 더빙에서는 유명한 작가 안드레아 카밀레리가 늙은 곰에게 자신의 멋진 목소리를 선물한다.

★ 애니메이션 영화에는 늘 그림으로 존재하는 인물에게 목소리를 빌려주는 배우가 필요하다. 세심한 조정 작업은 더빙 감독이 맡아서 한다.

그렘린

★ ★ ★

감독 **죠 단테** 배우 **피비 케이츠, 케이 루크, 자크 걸리건**
전체 관람가, 1984, 미국

피트는 그의 친구 빌리를 만나러 집에 찾아 갔다. 그들은 지금 빌리의 다락방에 있다. 침대에 앉자 이불 밑에서 무언가가 움직인다.

"나의 새로운 애완동물이야. 아빠가 선물해주셨는데 이름은 기즈모야." 그런데 강아지도 아니고 고양이도 아니다. 모과이라는 지금까지 한 번도 본 적 없는 커다란 눈과 귀를 지닌 작고 부드러운 생명체다.

피트는 그에게 매료되어 한번 안아 봐도 되는지 묻는다. 그런데 모과이를 향해 손을 뻗으면서 그 위에 실수로 물 잔을 쏟아버린다. 그 순간 믿기 힘든 일이 벌어지고 만다. 기즈모의 등에서 연기가 나는 털 뭉치들이 쏟아져 나오기 시작하고 이들은 결국 또 다른 모과이로 변한다.

빌리의 아버지가 말씀하셨던 세 가지 금기사항 중 하나가 물을 멀리 하라는 것이었다. 기즈모에게서 난 다섯 생명체는 아버지처럼 얌전하지 않다. 오히려 위험하게 구는 바람에 자정 이후에 모과이에게 먹을 것을 주지 말라는 또 다른 금기사항을 어기기에 이른다. 정해진 시간 외에 직접 음식을 공수할 수 있게 되자 모과이들은 끔찍한 그렘린으로 변하기 시작한다. 이들은 매우 사납고 끝없이 증식하는 초록색 괴물이 되어 무시무시한 '스트라이프'의 지휘 아래 작은 도시를 정복하기 시작한다.

세월을 타지 않는 이야기를 창조하기로 유명한 스티븐 스필버그가 책임 프로듀서로 참여한 〈그렘린〉은 이미 1980년대의 고전이 되었다. 이 영화는 청소년을 위한 호러 코미디로 '자신이 거주하는 별을 돌보지 못하는 인간의 무능함'이라는 여전히 유효한 생태 메시지를 담고 있다.

이 영화의 관람포인트

1 다 함께 소파에 앉아 즐길 만한 웃음과 놀라움을 선물한다.

2 우리와 자연의 관계, 그리고 우리가 일으키고 있는 생태 파괴를 돌아볼 수 있다.

3 이 이야기 속에 다른 영화를 참조한 부분들을 발견하는 재미가 있다.

영화로운 비하인드

★ 킹스턴 폴즈 도시 세트장은 영화 〈백 투 더 퓨쳐〉에서 사용한 것과 동일하다.

★ 기즈모와 그렘린을 만드는 데에는 애니메트로닉스들이 활용되었다. 이들은 기계 인형으로, 로봇과 전자 부품으로 움직이게 된다.

★ 처음에 그렘린 역을 원숭이에게 맡기려고 했지만 시범 원숭이들이 억지로 '그렘린 탈'을 쓰게 되자 공황상태에 빠지는 바람에 무산되고 말았다.

해리 포터와 마법사의 돌

★ ★ ★

감독 크리스 콜럼버스 배우 다니엘 래드클리프, 엠마 왓슨, 루퍼트 그린트
전체 관람가, 2001, 영국, 미국

열한 살 소년 해리 포터가 자신에게 신비한 능력이 있음을 발견했을 때는 얄미운 이모와 이모부 그리고 사촌 두들리와 동물원에 간 날이었다. 파충류 관에 있는 뱀 앞에서 해리는 뱀의 말을 자신이 알아듣는다는 사실을 깨닫는다. 두들리는 뱀이 다시 일어선 걸 보려고 달려가며 해리를 밀쳐 넘어지게 만든다. 해리는 화가 나서 그를 빤히 바라본다. 그리고 잠시 후 두들리와 뱀 사이를 갈라놓던 유리가 사라지고 두들리는 테라리엄 안으로 떨어진다. 뱀은 자신의 구원자에게 "쉬쉬" 소리로 고맙다는 인사를 건네고 스르륵 도망간다. 그리하여 부모도 없고 운도 없는 한 소년의 영광을 향한 발걸음이 시작된다. 해리 포터는 자신도 모르는 사이에 운명이 이미 정해진 소년이다. 바로 그가 세상에서 가장 강한 마법사가 되어 의인화된 악, 볼드모트와 싸워야 할 선택받은 자이다. 그러기 위해서는 자신의 재능을 알고 연마해야 하는데, 이걸 할 수 있는 곳은 호그와트 마법학교뿐이다. 마법학교에 발을 들인 순간부터 해리는 온갖 종류의 위험과 맞서게 될 것이다. 하지만 다행히도 헤르미온느와 론 같은 소중한 친구들이 그와 동행하며, 착한 거인 해그리드와 알버스 덤블도어 교장 선생님처럼 특별한 안내자의 보호를 받을 것이다.

〈해리 포터와 마법사의 돌〉은 J.K. 롤링의 해리 포터 시리즈 첫 번째 영화로, 다소 복잡한 성장 이야기인 동시에 분위기 있는 모험 영화이다. 전 세계 사람들이 가장 많이 읽은 영웅 소설이자 원작을 충실히 따라간 덕에 모든 사람들이 즐길 만한 작품이다.

이 영화의 관람포인트

1 해리는 영웅이기 이전에 사춘기 소년이다. 그리고 모든 등장인물들은 미묘한 분위기와 분명한 인간성을 품고 있다. 이들은 캐릭터가 모호하긴 하나 항상 겉으로 보이는 모습과 같지만은 않다. 이는 오늘을 살아가는 우리가 한 번쯤 생각해 보아야 할 점이다.
2 다양한 모습과 역동을 지닌 우정을 그린다.
3 인생에 영향을 주고 운명을 결정하는 중요한 선택들에 대해 이야기한다.

영화로운 비하인드

★ 학교를 배경으로 촬영한 장면에서 보조 출연자들은 숙제를 가져와서 실제로 풀도록 요청받았다.

★ 처음에 제작자들은 먼저 나온 세 권의 책을 영화 한 편에 녹이려고 했다. 하지만 원작소설의 작가 J.K.롤링이 반대하자 배우들의 성장을 따라가기 위해 모든 영화를 한 편씩 차례대로 찍어야만 했다.

★ 덤블도어의 사무실에 있는 대부분의 책은 소품담당자가 제본된 전화번호부에 먼지를 뿌린 것이다. 소품담당자는 미술감독의 지시에 따라 소품을 만들거나 이미 있는 것을 변형하여 필요한 장면에 배치하는 사람이다.

"어둡고 힘든 시절이 다가오고 있어, 해리.
언젠가 우리 모두는 옳은 길과
쉬운 길 중에서 선택해야만 해."

판의 미로

★ ★ ★

감독 기예르모 델 토로 배우 알렉스 앵걸로, 세자르 베아, 더그 존스
15세 관람가, 2006, 스페인, 멕시코, 미국

컴컴한 오필리아의 방에 무언가가 있다. 날개를 파닥이는 소리와 불안하도록 날카로운 소리가 연이어 들린다. 소녀가 바닥에 발을 딛자 살에 어떤 물체가 스치는 것을 느낀다. 겁이 난다. 잠시 후 신비로운 생명체는 침대 발치에 모습을 드러낸다. 거대한 사마귀 같이 생긴 것이 소녀에게 다가가지만 그녀는 겁먹은 눈치가 아니다. 그 생명체가 사실은 요정이라는 확신이 들었기 때문이다. 그리고 틀린 생각이 아니었다. 그녀의 눈앞에서 곤충은 변신하기 시작한다. 숲속의 날개 달린 생명체의 모습으로 변한 요정은 오필리아를 집 밖에 솟아난 미로로 데리고 간다.

그렇게 오필리아와 판의 첫 만남이 이루어진다. 판은 그녀에게, 사실 오필리아의 정체는 공주이고 무시무시한 세 번의 도전에 맞서며 그 자격을 증명해야 한다고 말한다. 실패한다면 영원히 지하 왕국의 제왕인 아버지를 만나지 못하게 될 것이다. 그리고 그녀가 맞서 싸워야 할 모든 괴물 중에 잔혹함을 좋아하는 독재자, 자신의 의붓아버지보다 위험한 괴물은 없다.

지금까지 개봉된 가장 위대한 판타지 영화 중 하나이며 동시에 현실적인 작품이다. 한편에서는 요정에 대해 이야기하고 다른 한편에서는 독재 정치의 새디즘(남을 학대하며 쾌락을 느끼는 것)과 잔인함을 이야기하며 완벽한 균형을 보여준다. 어디에나 도사리고 호시탐탐 우리를 노리는, 죽음으로 연결된 두 세계를 등장시킨다. 델 토로 감독은 '땅 위의 세계'를 차가운 회색-파랑색 톤으로 표현하는 반면 '상상의 세계'에는 명랑한 색조를 선사하는데, 그 모습은 영화 창작물이 아닌 진짜 악몽처럼 느껴진다. 유기적인 바로크 양식의 모습을 띠는 요정 굴은 지금껏 등장한 가장 아름다운 영화 세트 중 하나이다.

이 영화의 관람포인트

1 판타지가 도피처일 뿐 아니라 현실 세계를 더 깊이 이해할 수 있는 수단임을 보여준다.
2 비인간적이며 무례한 '가부장제'와 대조적으로 여성에게 매우 높은 가치를 부여한다.
3 세상을 둘러싸고 있는 어두움과 상상의 힘을 빌려 그것을 밝힐 수 있는 가능성에 대해 성찰하게 해준다.

영화 속은 비하인드

★ 기예르모 델 토로는 자신의 영화를 위한 아이디어와 그림이 담긴 수십 권의 공책을 갖고 있다고 한다. 이 영화도 그렇게 몇 년 동안 작업한 아이디어에서 탄생했다. 어느 날 그는 공책을 택시에 두고 내렸고 이 프로젝트는 끝장났다고 생각했다. 다행히 택시 기사가 그에게 공책을 돌려주었다.

★ 더그 존스는 판의 의상을 입을 때마다 다섯 시간이 걸렸다고 한다. 한 번 착용하면 어디로 가고 있는지 보기 위해 콧구멍을 통해 밖을 확인했다.

★ 이 영화는 장교의 방처럼 매우 인상적인 세트들을 갖고 있다. 세트를 만들기까지는 감독과 함께 이를 구상하는 미술 감독 외에도 장식 소품을 결정하고 배치하는 장식가와 세트를 구체적으로 설계하는 무대장치가도 참여한다.

"나도 어렸을 때는 믿었지.
지금은 더 이상 믿지 않는 많은 것들을 그땐 믿었지."

렛미인

★ ★ ★

감독 토마스 알프레드슨 배우 카레 헤레브란트, 리나 레안데르손, 페르 라그나르
15세 관람가, 2008, 스웨덴

오스카는 자기 뒤에 누가 있음을 인지하지 못했다. 그는 늘 생각에 잠겨있는 외톨이 소년이다. 부모님은 이혼하셨고 두 분 중 누구도 그에게 관심을 가져주지 않는다. 하얀 눈이 모든 것을 덮어버리는 스톡홀름의 차가운 밤에도 오스카는 밖에 있는 편을 선호한다. 그를 괴롭히는 불량배에게 어떻게 복수할지 상상하는 동안 소년의 어깨 뒤로 어떤 형체가 나타난다.

그녀의 이름은 이엘리. 열두 살이고 어딘가 불안한 분위기를 풍긴다. 땀에 젖은 머리에 유령처럼 창백하고 영하의 기온에도 불구하고 반팔 실내복만 입고 있다. 오스카는 그녀를 한 번도 본 적이 없지만 소녀는 자신이 그와 가까운 곳에 살고 있다고 말한다. 그리고 이어서 "나는 너와 친구가 될 수 없어."라는 한 마디만 남긴 채 떠나버린다. 이것은 둘의 첫 만남일 뿐이다. 오스카는 매일 밤 공원에 돌아올 것이고 이어서 그녀도 조용히 나타날 것이다.

둘은 점점 많은 시간을 함께 보내며 친구가 된다. 이엘리는 오스카가 그를 괴롭히는 친구들에게 맞서도록 용기를 북돋는다. 그리고 오스카는 이엘리가 어두운 비밀을 숨기고 있음을 알게 된다. "나는 소녀가 아니야. 뱀파이어야." 진실은 바로 이거다. 그녀는 피를 먹고 산다. 그것을 필요로 한다. 이 점이 그녀의 결함이자 가장 큰 수치이다. 하지만 이처럼 끔찍한 진실도 이엘리를 사랑하게 된 오스카를 멀어지게 할 수 없다. 그들의 운명은 이미 서로 엮여버렸다.

〈렛미인〉은 공포영화이기도 하지만 무엇보다 어린 아이들을 보호할 능력과 자격이 없는 어른들의 세상에 둘러싸인 외로운 두 아이의 이야기이다.

이 영화의 관람포인트

1 마늘, 관, 박쥐, 말뚝이 등장하지 않는 전혀 새로운 형식의 뱀파이어 영화로 상투적인 작품들을 뛰어넘는다.
2 잔혹 동화라는 외형 아래 정제된 성장 이야기와 부드럽고 여린 진정한 사랑 이야기가 숨 쉬고 있다.
3 다름을 존중하고 수용하는 이야기이다. 이엘리는 인종과 민족도 다른 뱀파이어 소녀이지만 오스카는 스스럼없이 그녀를 받아들인다.

영화로운 비하인드

★ 영화 제목은 '흡혈귀' 신화에서 널리 알려진 요소, 즉 뱀파이어들은 다른 이들의 집에 들어가기 위해 초대를 받아야 한다는 점을 상기시킨다.

★ 영화의 거의 모든 장면에는 빨강색이나 주황색이 포함되어 있다. 이는 피의 존재를 뚜렷하게 나타내는 것이다.

★ 음향 효과를 만들어내기 위해 다양한 수단을 활용했다. 그중에는 살을 무는 느낌을 살리기 위해 소시지를 무는 것과 피를 흡입하는 소리를 표현하기 위해 요거트를 마시는 등의 트릭이 있다. 이 모든 일은 효과음향기사의 작품이다.

"난 열두 살이야. 하지만 그런 지 좀 됐어."

플레전트빌

★ ★ ★

감독 게리 로스　배우 토비 맥과이어, 제프 다니엘스, 조안 알렌

12세 관람가, 1999, 미국

쌍둥이 남매 제니퍼와 데이빗은 늘 그렇듯 싸우고 있다. 집에 둘만 남아 텔레비전 리모컨을 두고 다투다 결국 벽으로 날려 버리고 만다. 잠시 후 나이가 지긋한 한 남자가 현관문을 두드리며 텔레비전을 고치러 왔다고 말한다.

"우리는 수리공을 부르지 않았어요." 데이빗이 대답한다. "그렇다면 오늘 너희가 운이 좋구나." 알 수 없는 남자는 이렇게 대꾸하며 이상한 모양의 금속 리모컨을 그에게 건넨다. 제니퍼와 데이빗이 실수로 어떤 버튼을 누르자 그들은 1958년 미국 도시 생활을 그린 흑백 시트콤 〈플레전트빌〉이 방영되고 있는 텔레비전 속으로 마법처럼 빨려 들어간다. 이제 그들은 시트콤의 젊은 두 주인공 버드와 메리 수가 된 것이다!

플레전트빌에서는 비가 내리는 날이 없다. 모두가 백인이며 중산층에 섹스도 범죄도 없다. 혼란스러워하던 남매는 그 사회의 잔잔한 생활에 점차 적응한다. 그러다 제니퍼는 도시 경계선 너머에는 뭐가 있는지 묻기 시작하고 데이빗은 회사에 지각을 하면서 그 완벽한 구조를 망가뜨리게 된다. 하지만 진정한 혁명은 제니퍼가 농구팀 주장인 스킵에게 매료되어 그와 하룻밤을 보내기로 결심했을 때 터지고 만다. 그 순간 온통 흑백이던 그 작은 세계에 처음으로 색깔이 있는 꽃이 등장한다.

〈플레전트빌〉은 전혀 피상적이지 않으면서 재미있는 현대 동화이다. 감정이 텅 비어버린 가짜 사회에 생명력을 전염시키며 색채 '바이러스'가 흑백 도시를 물들이는 찬란한 광경은 오늘날에도 보는 이의 입을 다물지 못하게 만든다.

이 영화의 관람포인트

1. 우리가 누구인지를 발견하게 하고 종종 당연하다고 여기는 우리를 둘러싼 세상에 대해 늘 질문하게 만든다.
2. 다른 이들을 차별하고 관용을 베풀지 않는 것을 비판한다.
3. 세상을 다채롭게 물들이는 것은 바로 감정이라는 점을 알려준다.

영화로운 비하인드

★ 플레전트빌에서 제니퍼는 메리 수가 되는데 이 이름은 문학에서 비현실적으로 보일만큼 완벽하고 이상적인 인물을 지칭한다.

★ 플레전트빌에서 제니퍼가 화장실을 찾지 못하는 장면이 나온다. 이것은 1950년대 미국 영화 검열 판결을 참조한 것인데 영화나 텔레비전 프로그램에 화장실이 등장하는 것을 금지했다.

★ 영화에서는 색깔과 흑백이 상호작용하도록 크로마키 혹은 그린스크린을 광범위하게 사용한다. 이는 서로 다른 사진이나 영상을 겹쳐 첫 번째 이미지의 배경색을 없애고 밑에 놓인 두 번째 이미지의 배경으로 대체하기 위해 사용하는 사진-영화기술이다.

빽 투 더 퓨쳐

★ ★ ★

감독 **로버트 저메키스** 배우 **마이클 J. 폭스, 크리스토퍼 로이드, 리 톰슨**

12세 관람가, 1985, 미국

"내 계산이 맞으면 이 기계가 시속 88마일에 이르는 순간 아주 재밌는 구경거리가 생길 거야." 엉뚱한 발명가 브라운 박사가 이렇게 말하는 동안 그의 젊은 친구 마티 맥플라이는 옆에서 이 역사적인 실험의 순간을 커다란 비디오카메라로 촬영하고 있다. 우리는 지금 1985년에 있기 때문에 아직 휴대폰으로 영상을 찍을 수 없는 때다.

박사는 거대한 무선조종장치의 레버를 작동시키고, 개조된 자동차가 그들 앞에서 속도를 높이기 시작한다. 최대 속도에서 자동차는 두 남자를 향하고 그들을 덮치기 일보 직전이다. 마티는 옆으로 비키려고 하지만 박사는 그가 움직이지 못하게 붙잡는다. 무선조종장치에 '88'이라는 숫자가 나타나자 스파크가 튀고 소용돌이치면서 자동차는 연기만 남긴 채 그들의 눈앞에서 사라진다. 박사는 감격에 겨워 어쩔 줄 몰라 한다. 마티는 자신의 눈을 믿을 수가 없다. 브라운 박사가 타임머신을 발명한 것이다! 그런데 몇 가지 불행한 사건들이 연속으로 일어나고 마티가 부지불식간 운전석에 앉게 되면서 그는 30년 전, 자기 부모님의 십대 시절로 돌아가게 된다.

〈빽 투 더 퓨쳐〉는 모든 시대를 통틀어 가장 상징적이고 또 사랑받은 영화 중 하나이다. 미국 대학에서는 아직도 이 영화의 각본을 미국 국민 코미디의 따라잡을 수 없는 표본으로 연구하고 있다. 새로운 시각적 시도, 풍성한 이야기, 끊임없는 영화적 오마주로 관객들의 숨을 멎게 하며 즐거움을 선사한다. 그리고 가장 믿기 힘든 건 영화가 개봉한 1980년대부터 지금까지도 촌스럽지 않고 세련됐다는 것이다.

이 영화의 관람포인트

1. 부모님에게도 젊은 시절이 있었다는 사실을 상기시킨다.
2. 매우 지적이고 순수한 오락으로 즐길 수 있는 영화다.
3. 열심히 노력하면 무슨 일이든 해낼 수 있음을 기억하게 해준다.

영화 또는 비하인드

★ 영화의 각본은 마침내 받아들여지기까지 무려 44번이나 거절당했다.

★ 마이클 J. 폭스는 이 영화를 찍기 위해 문자 그대로 몇 주 동안이나 잠을 못 잤다. 당시에 그는 시트콤 〈패밀리 타이즈〉에 출연 중이었고 저녁 시간과 주말에만 촬영하는 조건으로 〈빽 투 더 퓨쳐〉 출연을 수락했다.

★ 로버트 저메키스는 이 이야기의 리메이크나 리부트를 평생 허락하지 않겠다고 선언했다. 리메이크는 영화를 번안하는 것이고 리부트는 옛날 작품에서 실마리를 얻어 완전히 새로운 이야기를 만들어내는 것을 말한다.

네버엔딩 스토리

★ ★ ★

감독 볼프강 페터젠 배우 노아 헤서웨이, 바렛 올리버, 타미 스토로나흐
전체 관람가, 1984, 독일

이른 아침, 바스티안은 방금 커다란 쓰레기통에서 빠져나왔고 물론 거기에 혼자 들어갔을 리 없다. 학교 불량배 세 명이 그를 그곳에 버리고 갔다. 자신을 쫓는 그들을 따돌리기 위해 바스티안은 어느 상점에 들어간다. 알고 보니 먼지가 가득한 책방이다. 그곳을 운영하는 주인은 아이들을 달갑지 않게 여기는데, 책 읽기의 즐거움을 잃어버린 지 오래고 비디오게임으로 시간을 허비할 뿐이라고 생각하기 때문이다. 하지만 바스티안은 다르다. 그는 책을 몹시 사랑한다. 그리고 그는 특히 책방 주인이 읽고 있는 책에 매료된다.

"이건 특별한 책이야." 신비로운 어조로 남자가 대답한다. "네가 읽을 만한 책은 아니지." 점점 책에 이끌린 바스티안은 주인이 한눈 판 사이에 잠시 '빌리기로' 한다.

학교로 돌아가서 그는 교실에 들어가는 대신 아무런 방해 없이 책을 읽기 위해 다락방에 숨어든다. 하지만 네버엔딩 스토리는 정말 특별하고 무해한 것과는 거리가 먼 책이다. 바스티안은 이야기에 빠져 '나씽'이라 불리는 괴물로부터 환상의 세계를 구하기 위해 소년 아트레유와 함께 위험천만한 곳에서 살인협박에 맞설 것이다.

〈네버엔딩 스토리〉는 지나간 시간을 잘 느낄 수 있는 영화이다. 많은 이들에게 '내가 그 시절 사랑했던 영화'이고 오늘날의 어린이들에게도 여전히 완벽한 작품이라고 말할 수 있다. 모든 사람들이 살면서 한번 쯤 꼭 봐야 할 고전이다.

이 영화의 관람포인트

1. 상상의 힘이 어떻게 어두운 현실에 대한 해독제가 될 수 있는지를 매우 단순하게 보여준다.
2. 용감하게 맞선 위대한 모험 이야기는 오늘날에도 여전히 우리의 마음을 사로잡는다.
3. 록바이터나 팔콘처럼 두 주인공 옆에서 감초 역할을 하는 기묘한 등장인물들을 볼 수 있다.

영화로운 비하인드

★ 노아 헤서웨이(아트레유 역)는 세트장에서 몇 번의 사고를 당했다. 그모르크와의 전투 장면에서 그는 한쪽 눈의 시력을 거의 잃었다. 그리고 '근심의 늪'에서 촬영할 때에는 물속에 너무 오래 머물러 기절했다.

★ 영화는 미하엘 엔데의 동명 소설을 바탕으로 만들어졌는데 그는 자신의 이야기가 영화화되는 일이 어찌나 불쾌했는지 제작사가 제목을 바꾸도록 소송까지 했을 정도다. 하지만 결국 패소했다.

★ 책에서 각본으로 바뀌는 과정을 영화에서는 각색이라고 한다. 이렇게 이야기를 옮기는 과정에 늘 원작자가 참여하는 것은 아니다.

성장통

지랄발광 17세

★ ★ ★

감독 **켈리 프레몬** 배우 **헤일리 스테인펠드, 우디 해럴슨**

15세 관람가, 2016, 미국

네이딘의 스니커즈는 캠퍼스의 복도와 좁은 길을 거칠게 밟으며 지나간다. 아무도 그녀의 존재를 의식하지 않는 것 같다. '일부러 추레한 모습을 하고서' 목적지에 도달하려 마음이 급한 유령 같다. 인사도 하지 않고 텅 빈 교실에 들어와 책을 읽고 있는 부르너 선생 앞에 앉는다. 숨이 찬 상태로 그녀는 이렇게 선언한다. "시간 뺏고 싶진 않지만, 저 자살하려고요." 그렇게 사춘기 소녀와 교사의 통통 튀는 대화가 시작된다. 네이딘은 스스로 목숨을 끊으려는 마음이 전혀 없고 단지 누군가가 자신의 이야기를 들어주길 바랄 뿐이다.

희극과 비극이 공존하는 네이딘의 삶을 일인칭 시점으로 들려주는 이 보석 같은 영화는 이렇게 시작된다. 열일곱의 비교적 난해한 나이, 자존감은 바닥, 마냥 우울한 기분이 들고 스스로 일반적인 관행을 따르지 않는 사람이라 여겨 소명의식 같은 것과는 거리가 멀다고 생각한다. "최악이 뭔지 알아? 남은 생을 나 자신과 보내야 한다는 점이야."라고 고백할 정도이다. 아버지의 죽음은 그녀의 삶에 텅 빈 구멍을 만들고 말았다. 네이딘은 어떻게든 그 빈자리를 채워보려고 지칠 때까지 조잘거리며 단어들의 소리가 심연의 어두운 생각을 덮어버리길 바랐다. 이제 그녀는 누구에게 기댈 수 있을까? 불행하고 방황하는 엄마에게는 그럴 수 없다. 오빠 데리언도 아니다. 그는 밝고 잘생긴데다 인기도 많아 자신과는 너무 먼 사람이다. 이제 친구 크리스타만 남았다. 활화산 같은 네이딘을 참아주는 건 우정이 사람으로 태어난 것만 같은 그녀의 몫이다. 어느 날 크리스타가 오빠 데리언과 사귀게 되기 전까지는 말이다. 어떻게 이런 일이 일어날 수가 있지? 혼자 쓸쓸히 남겨진 네이딘은 눈물의 골짜기 같은 자신의 인생에서 살아남을 수 있을까?

이 영화의 관람포인트

1 가장 하찮아 보이는 애벌레도 근사한 나비가 될 수 있음을 보여준다. 변화는 오직 우리에게 달려 있다!

2 우리는 누구나 겉으로는 엄하고 초연해 보이지만 진짜 중요한 것이 무엇인지 가르쳐주는 부르너 선생 같은 스승을 만날 수 있다.

3 때로는 반밖에 남지 않은 물컵에 집중하느라 우리 삶에 찾아오는 생각지도 못한 작은 행복을 알아채지 못한다는 것을 상기시켜 준다.

영화로운 비하인드

★ 처음에 영화 제목은 네이딘과 크리스타의 관계를 나타내는, 가장 친한 친구를 뜻하는 베스트 프렌드가 될 뻔 했다.

★ 부르너 선생의 우스갯소리 대부분은 우디 해럴슨이 대본을 그대로 따르지 않고 해석의 전권을 위임받은 즉흥적인 애드리브였다.

★ 영화 제작자는 제작진이 영화를 준비하고 촬영할 수 있도록 모든 장비와 자원을 책임지고 공급하는 사람이다. 이 영화의 제작자는 바로 〈심슨네 가족들〉 시리즈를 맡았던 제임스 L. 브룩스이다.

톰보이

★ ★ ★

감독 **셀린 시아마** 배우 **조 허란, 말론 레바나, 진 디슨**

12세 관람가, 2011, 프랑스

바람에 머리카락이 휘날리는 누군가의 뒷모습이 카메라에 잡힌다. 하늘과 구름 그리고 흔들리는 나무들이 있다. 우리는 지금 자동차 안에 있으며 처음 본 뒷모습은 일어선 채 선루프로 머리를 내민 아이의 것임을 알 수 있다. 그리고 말괄량이라는 의미의 영화 제목 〈톰보이〉가 화면에 나타나는데 우리의 짐작과는 달리 머리를 짧게 자른 아이가 소년이 아님을 직감하기 시작한다. 소녀의 이름은 로레이며 나이는 열 살이다.

그녀는 방금 부모님 그리고 여동생 잔과 함께 파리의 한 거리에 새로 이사를 왔다. 소년 같은 그녀의 외모와 짧은 머리 모양, 싸울 때 보이는 맹렬한 힘, 축구에 대한 재능을 이용해서 그녀는 새로운 친구들 앞에 자신을 완전한 남자, 미카엘로 소개하기로 결심한다. 그리고 모든 아이들이 속아 넘어간다. 특히 사랑에 가까운 감정이 오가는 같은 반 리사까지 말이다. 여름이 끝나고 다시 학교로 돌아갈 시간이 다가온다. 변장 놀이는 점점 꼬여가고 가족조차 몰랐던 연극은 폭로되고 만다.

영화의 줄거리는 섬세하면서 매혹적이고 아이들이 함께 놀고 싸우는 동안 눈에 띄는 사건 같은 것은 전혀 일어나지 않는다. 하지만 등장인물 한 명 한 명은 매우 치밀하게 구상된 인물이다. 연기는 너무나 자연스럽고 상황들은 친숙해서 장면 하나 하나가 진실을 뽑어낸다.

이 영화의 관람포인트

1 유년기의 끝과 자신의 성정체성의 선택 같은 지극히 내면적인 주제들을 무겁지 않고 감동적으로 다룬다.

2 감정과 인간관계에 대한 작지만 위대한 이야기를 들려주기 위해 감독이 긴장감 넘치는 장면이나 분열된 가족 이야기를 동원하지 않는다.

3 반복적인 거짓말들이 초래하는 불가피한 결과들에 대해 생각해볼 수 있다.

영화로운 비하인드

★ 주연 배우 조 허란은 오디션 첫째 날에 바로 캐스팅되었다.

★ 시아마 감독은 이 모든 것이 큰 놀이인 것처럼 어린 배우들을 설득하고 즉흥적인 연기를 해도 괜찮다며 아주 긴 장면들을 촬영했다.

★ 영화는 단 20일 만에 열네 명이란 적은 인원으로 촬영되었다. 보통 장편 영화를 촬영하는 데에는 50여 명의 촬영 인원이 필요하다.

천상의 육체

감독 **알리체 로르바케르** 배우 **일 비아넬로, 살바토레 칸탈루포, 아니타 카프리올리**

국내 관람등급 미분류, 2011, 이탈리아

이탈리아 칼라브리아에 우뚝 솟아 있는 아스프로몬테 산의 험한 바위 사이에는 버림과 파멸이 만들어낸 유령 도시, '아프리코 베키오'가 있다. 이곳에 열세 살 마르타와 마리오 신부가 도착했다. 두 사람은 낡고 무너져 가느다란 빛줄기만이 밝혀주는 작은 교회에 다다른다. 잔해 사이에서 신부는 자신이 찾던 것을 발견한다. 바로 자신의 교회로 가져갈 거대한 십자고상 말이다. 그리고 그곳에서 로렌조 신부도 만난다. 그가 살고 있는 곳의 성벽만큼이나 쇠퇴한 로렌조 신부는 마르타에게 예수가 모든 사람들이 상상하는 그런 모습이 아니라고 말한다. 파란 눈에 두 팔을 벌린 채 미소를 띤 얼굴이 아니라는 것이다. 예수는 웃고 있지 않다. 오히려 죽음의 순간 십자가 위에서 성부 하느님께 필사적으로 소리친다. 하지만 마르타가 왜 그런지 묻자 로렌조 신부는 이렇게 대답한다. "화가 났기 때문이지. 그분은 홀로 이리저리 뛰어다니시는데 어디를 가든지 사람들은 치유와 기적을 바라지. 그리고 그분은 모든 사람에게 찾아가셨어. 곁에 무식한 제자들 무리를 이끌고!"

〈천상의 육체〉는 마르타가 스위스에서 10년간 생활한 후 이탈리아 남부 지방 깊숙이 자리한 고향에 돌아간 이야기를 들려준다. 그곳에서 마르타는 아름다움과 희망이 모두 벗겨진 채로 울고 있는, 석회 조각과 지스러기로 뒤덮인 변두리 땅을 발견한다. 소녀는 견진 성사를 앞두고 쉽지 않은 교육 과정에 직면하게 된다. 저속하고 노골적이며 쓸쓸한 사람들이 모인, 타락한 교회가 지배하는 이 세계에서 그녀는 스스로가 이방인이 된 기분이다. 마르타는 더럽고 구슬픈 사람들의 풍경을 말없이 가로지르며 빠르게 성숙한다. 마치 침묵만이 존재했던 유충에서 나비가 된 그녀 자신의 날갯짓 소리가 들리는 것 같다.

이 영화의 관람포인트

1. 젊은 시절에는 우리가 별로 주의를 기울이지 않는, 민감하지만 소중한 주제인 '영성과의 관계'를 다룬다.
2. 마르타는 현실에 정말 있을법한 인물로 영화가 끝나면 우리가 실제로 아는 친구와 헤어지는 느낌을 받을 정도로 공감되는 캐릭터이다.
3. 쇠퇴한 이탈리아 남부와 가톨릭 교회의 초상을 무정하게 그려냈다.

알리체 로르바케르 감독이 들려주는 이야기

첫 촬영 날을 지금도 정확히 기억합니다. 마르타가 하천 위 다리를 지나가는 장면을 찍기 위해 촬영 감독이 탄 오토바이를 밀며 마르타의 걸음을 따라가고 있었죠. 이른 아침이라 출근하는 사람들의 차가 지나가기도 하고 어떤 사람은 멈춰 서서 우리가 뭘 하고 있는지 묻기도 했죠. 바로 그때 저는 그 장면을 밖에서 바라보게 되었어요. 상상한 장면을 실현하기 위해 촬영팀이 다리 위에서 낡은 오토바이를 끌고 있었죠. 이처럼 상상을 실현하는 것을 '일'이라고 본다면, 다시 말해 현상에 대한 관점을 만들어내고 무분별한 소비에 의존하지 않게 만들면서 새로운 사유의 주머니를 생산하는 것도 일로 인정받는다면 희망이 있겠다고 생각했습니다.

"미사는 할 일 없는 사람들이나 가는 거야."

내 몸이 사라졌다

★ ★ ★

감독 **제레미 클라핀** 배우(목소리) **빅투아르 뒤부아, 파트리크 다쉼사오, 하킴 파리스**
15세 관람가, 2019, 프랑스

문이 열린 냉장고 속에는 우유, 달걀 그리고 채소 대신 사람 몸의 일부가 들어 있다. 눈알, 시험관에 든 혈액 그리고 손목까지 잘려 봉투에 담긴 손이다. 그런데 갑자기 투명한 플라스틱 봉투 속에서 손가락이 움직인다. 절단된 손이 부활한 것이다. 인체 해부 실험실 바닥에 떨어진다. 손은 어리둥절하다. 자신도 잘 모르는 무언가를 찾고 있는 게 분명하다. 하지만 도망가야 한다는 것을 알고 있다. 마침내 창문턱에 이르면, 어떤 몸의 일부였을 때의 기억들을 자유롭게 떠올릴 수 있을 것이다. 손은 그가 속해있던 인간인 나우펠에게로 돌아가고 싶다. 하지만 복잡한 도심 속으로 그를 찾아 떠나는 여행은 악몽과 같은 모험이다.

이야기는 평행선을 그리며 주인공을 서로 다른 관점에서 묘사한다. 특히 상실의 고통과 잃어버린 것을 되찾기 위한 의지의 힘을 보여준다. 나우펠의 손은 '감정의 층'을 통해 북아프리카에서 보낸 유년기와 비극적인 참사로 인하여 부모님과 이별하고 홀로 프랑스에 온 일들을 기억해낸다. 한편 나우펠의 '몸통'을 통하여 우리는 오늘날 그가 어떤 사람이 되었는지를 보게 된다. 냉혹한 파리에서 일찍이 현실을 깨달은 소년은 피자 배달부의 삶에 '머물게' 된 것이다.

〈내 몸이 사라졌다〉는 애니메이션 분야에서 가장 수준 높은 작품 중 하나로 꼽힌다. 어둡고 동화 같은, 현실적이면서도 비현실적인, 노골적이고 섬세한 서로 상반된 분위기가 균형을 이루어 말로 표현되지 않은 감정들이 관객을 놀라게 한다.

이 영화의 관람포인트

1 우리의 기억과 경험들이 어떻게 지금의 우리를 이해하는 데 핵심적인 열쇠가 되는지 생각해볼 수 있다.

2 어떤 목표든 이룰 수 있는 초인적인 힘은 바로 의지라는 사실을 발견하게 된다.

3 사랑은 우리의 상처를 가라앉힐 수 있는 가장 효과적인 치료법이며 외로움을 물리칠 가장 뛰어난 무기라는 것을 알려준다.

영화로운 비하인드

★ 감독이자 일러스트레이터인 클라핀은 기욤 로랑의 소설 『행복한 손』을 각색하여 이 영화를 만드는 데 7년이 걸렸다.

★ 영화에서는 손에 이름을 부여하지 않지만 각본에서는 로잘리라고 불렀다.

★ 2D 애니메이션은 굉장히 많은 수작업을 필요로 한다. 1초 동안의 움직임을 위해서는 24장의 그림을 만들어야 한다. 오늘날에는 소프트웨어 덕분에 애니메이터는 단지 '키프레임'이라 불리는 것만 결정하고 그리면 되는데 이는 가장 중요한 핵심 그림을 말한다. 키프레임과 키프레임 사이에는 인비트윈이라는 중간 프레임을 통해 컴퓨터가 알아서 동작을 채워 넣고 이를 통해 그림들에 '애니메이션'의 느낌을 선사한다.

헤어질 수 없는 우리

★ ★ ★

감독 에도아르도 데 안젤리스 배우 마리안나 폰타나, 안젤라 폰타나, 안토니아 트룹포

국내 관람등급 미분류, 2016, 이탈리아

"둘을 분리할 수 있습니다." 두 자매가 옷을 갈아입는 동안 판결을 기다리는 사람들로 가득 찬 진료실에서 의사가 말한다. 그는 특히 이번 진료를 반대했던 부모를 향해 말한다. 그들은 데이지와 비올라가 태어났을 때부터 18년 동안 그랬던 것처럼 계속 붙어 있기를 바란다. 두 소녀는 사실 허리 부분이 기형으로 서로 붙어 있는 샴쌍둥이다. 부모는 자매를 서커스 구경거리로 삼아 각종 행사와 무대에서 노래를 시키며 돈벌이로 이용했다. 그리고 한 파렴치한 신부는 쌍둥이를 '기적의 천사'로 변신시켜 그들의 이름으로 성당을 짓고 이들을 숭배할 준비가 된 교인들을 데려오려고 한다.

자매 중 공생 관계를 더 답답하게 느꼈던 데이지가 분리될 수 있다는 사실을 알게 되자 기뻐서 어쩔 줄 모른다. 그러나 쌍둥이의 분리는 곧 가족의 유일한 생계수단을 잃어버리는 것을 의미하기도 한다. 꿈을 이루기 위해서는 도망가는 수밖에 없다. 비록 비올라는 데이지가 자신을 두고 영원히 떠나 버릴까봐 두렵지만 말이다.

하나의 장르로 분류하기 어렵지만 강력하고 깊이 있는 이야기이다. 데 안젤리스 감독은 황량한 연안 마을을 배경으로 고통, 도피 그리고 방황의 과정을 통한 성장에 대한 갈망을 그린다. 이 추잡함으로 얼룩진 마을은 곧 주민들이 처한 도덕적 타락을 상징한다. 샴쌍둥이 자매는 변화를 위해 용감한 행동을 시도하지만 극적인 대가를 치르기도 한다.

이 영화의 관람포인트

1. 이 이야기는 일반적인 범주를 벗어나 자아를 찾아 나서는 고전적인 주제를 표현하고 있다.
2. 성장기 신체의 변화와 둥지를 떠나는 일이 수반하는 고통을 은유적으로 표현했다.
3. 사람들이 가장 갈망하는 축복은 단순한 평범함이라는 것을 강조한다.

영화로운 비하인드

★ 대부분의 배우들이 나폴리 지방 사투리를 구사하는 반면 쌍둥이는 그들과 조금 다른 까사페센나 지방 사투리를 쓰는 것을 볼 수 있다. 이는 쌍둥이 자매가 그들만의 분리되어 있고 긴밀한 세계에서 살고 있다는 느낌을 준다.

★ 두 사람의 이름은 90년대 초반에 실제로 존재했던 샴쌍둥이 자매, 데이지와 바이올렛 힐튼을 오마주한 것이다.

★ 영화에서 붙어 있는 쌍둥이의 몸은 디지털 기술로 만들지 않고 수작업으로 탄생했다.

주노

★ ★ ★

감독 제이슨 라이트맨 배우 엘렌 페이지, 제니퍼 가너, 제이슨 베이트먼
12세 관람가, 2007 미국, 캐나다, 헝가리

열여섯 살 소녀 주노는 세 번째 임신테스트 중이다. 늘 뼈 있는 우스갯소리를 던질 준비가 된 롤로가 일하는 약국의 좁은 화장실에서 테스트를 하고 있다. 탁자로 돌아오자 그는 어떻게 됐는지 묻는다. 실눈을 뜨고 테스트기를 보는데 표정이 갑자기 심각해진다. 일순간 기다림은 긴장감으로 바뀐다. 주노는 결과를 바꿔보려고 필사적으로 테스트기를 흔들어본다. 흔들고 또 흔들어보지만 아무 변화가 없고, 임신을 확인한다. "이건 자석 스케치북 같은 게 아니야. 지울 수 없는 얼룩이야, 친구야." 롤로는 빈정대며 말한다.

반면 호리호리하지만 야무진 소녀는 '이 문제'를 정말로 지워버리고 싶다. 처음에는 낙태를 결심한다. 어쨌든 이 임신은 친구와 함께한 첫 성 경험 실험의 결과일 뿐이니까. 그러나 병원에 도착하자 아기를 품기로 마음을 바꾼다. 하지만 혼자서 키우기엔 그녀는 아직 너무 어리다. 가장 친한 친구 레아는, 부모가 되고 싶지만 그럴 형편이 못되는 사람들을 위한 '페니 세이버'라는 잡지의 공고를 참고하라고 조언한다. 그렇게 주노는 뱃속에 자리 잡은 '불편한 손님'을 입양할 준비가 된 마크와 바네사 부부를 만나게 된다.

〈주노〉는 달콤함을 적당하게 드러내면서도 재기발랄하고 매혹적인 영화이다. 자유분방하면서도 진실한 감정들로 가득하다. 남다른 주인공과 흠잡을 곳 없는 각본, 완벽한 결말까지 지닌, 영화 역사상 가장 뛰어난 틴 코미디 중 하나이다.

이 영화의 관람포인트

1 원치 않은 임신부터 성에 눈을 뜨는 순간까지, 사랑으로 변해버린 우정에서 가족들과의 관계, 스스로가 불충분하다는 느낌에서 성장해야 한다는 책임까지 다양한 주제를 유쾌하게 소개한다.
2 기억에 남는 좋은 대사가 많다.
3 화면 속 주노를 안아주고 싶을 만큼 현실감 넘치는 캐릭터들이 있다.

영화로운 비하인드

★ 한 달 동안 촬영된 영화에서 계절의 변화를 표현하기 위해 디지털 감광으로 벚꽃을 여름에 피는 꽃처럼 보이게 했고, 가을 낙엽을 연출하고자 나뭇잎을 던졌다.

★ 자막 애니메이션 효과를 위해 엘렌 페이지가 걸어가는 장면은 무빙워크 위를 걸으며 촬영했고 이후 디지털 작업을 통해 삭제되었다.

★ 가짜 눈을 연출하는 작업은 비용이 많이 드는데 갑작스런 폭설이 내리면 예산을 절감할 수 있다. 이를 전문용어로 뉴딜(new deal)이라 부른다. 우연히 발생한 유리한 환경조건을 틈타 새로운 장면을 즉흥적으로 만들고 준비하는 능력을 뜻한다.

"내 안에는 생명이 흐르고 있고
네 안에는 멕시코 음식이 흐르고 있지."

레이디 버드

★ ★ ★

감독 그레타 거윅 배우 시얼샤 로넌, 로리 멧칼프, 트레이시 레츠
15세 관람가, 2017 미국

‘레이디 버드’로 불리기를 바라는 크리스틴과 그녀의 어머니 매리언은 자동차를 타고 크리스틴이 앞으로 몇 해를 보내게 될 학교로 향하고 있다. 두 사람은 제법 잘 맞는 것 같아 보이지만 머지않아 실상은 그렇지 않다는 것이 밝혀진다. 레이디 버드는 지구에서 가장 재미없는 곳에 살고 있다고 생각한다. 엄마는 이런 염세적인 태도를 받아들일 수 없어 딸을 책망한다. 언성이 높아지면서 모녀는 다투기 시작한다. 크리스틴은 뉴욕에 가서 공부하기를 바라지만 매리언은 돈이 없다는 말을 반복하며 크리스틴의 아버지가 실직 위기에 처했다고 대답한다. 딸에게 자신밖에 모르는 이기적인 사람이라고 비난한다. 레이디 버드는 분개한다. 하지만 엄마는 계속해서 자신만의 논리로 그녀를 찍어누른다. 이에 크리스틴은 무슨 반응을 보일까? 엄마의 커진 눈과 비명을 뒤로 하고 그녀는 달리는 자동차의 문을 연다. 그리고 밖으로 뛰어내린다.

레이디 버드의 정서와 가족의 역동을 완벽하게 보여주는 오프닝 장면이다. 그녀는 그 인상 깊은 행동 덕에 팔에 깁스를 차게 되었다. 수학 시험, 학교 공연, 사랑과 실연, 배신당한 우정, 아빠와의 즐거운 시간, 엄마와의 치열한 싸움 등 그녀의 모험은 계속된다. 이미 다 봤을 법한 이야기지만 새롭고 독창적인 방법으로 전개된다.

〈레이디 버드〉는 단순한 영화이지만 사춘기를 그리는 창의적이며 세밀한 방식이 완벽에 가깝다. 모든 것이 얼마나 생동감 넘치는지 우리는 이 소녀의 인생에 사로잡혀 자꾸만 더 알고 싶은 호기심이 생긴다. 이처럼 스포트라이트를 받지 못하더라도 우리 각자의 존재는 그 자체로 특별하다.

이 영화의 관람포인트

1 관심이 얼마나 중요한 사랑의 방식인지를 말해준다.

2 모녀 관계를 스크린으로 가져오는 방식이 꾸밈없고 진실하다.

3 신선하고 예리하며 유쾌하지만 결코 피상적이지 않은, 한 소녀의 인생을 그린 최고의 영화다.

영화로운 비하인드

★ 이 영화는 2002년부터 2003년을 배경으로 전개된다. 그레타 거윅이 스마트폰에 빠진 청소년들의 이야기를 그릴 자신이 없어 동시대 영화를 피하고 싶었기 때문이다.

★ 대본 초안은 약 350페이지 분량이었는데 이는 거의 6시간짜리 영화에 상응한다. 일반적인 대본 분량은 80페이지에서 120페이지 사이이다.

★ 촬영 당시 로넌은 얼굴에 여드름이 있었다. 메이크업 아티스트는 이를 가리는 대신 등장인물이 더 현실감 있게 보이도록 드러내기로 결정했다. 메이크업 아티스트는 영화에서 배우들의 얼굴과 몸을 화장으로 바꿔주는 일을 담당한다.

oke
AMERICAN
FRISH
“보기에 추악하다고
부도덕한 것은 아니에요.”

마누엘

★ ★ ★

감독 **다리오 알베르티니** 배우 **안드레아 라탄치, 줄리아 엘레트라 고리에티, 프란체스카 안토넬리**
국내 관람등급 미분류, 2017, 이탈리아

오늘은 마누엘이 오랫동안 지낸 그룹홈에서 보내는 마지막 날이다. 그는 서랍을 비우고 자신의 물건들을 전부 큰 가방에 집어넣는다. 그곳에서 보낸 유년기의 유물인 축구선수 피규어도 챙겼다. 그는 조금 섭섭한 마음으로 주변을 돌아본다. 방은 이제 텅 빈 느낌이고 벌써 낯설다. 마치 숨 쉴 공기가 부족한 것처럼 마누엘은 잠들지 못한다. 다음날 어떤 신부님이 그를 역까지 데려다 주려고 기다리고 있다. "오늘은 네 인생에서 가장 중요한 날이야." 마르첼로 신부가 그에게 말한다. 마누엘은 대답하지 않는다. 그의 표정은 확신에 찼다기보다 걱정스러워하는 것 같고, 행복하기보다 어리둥절해하는 것 같다.

그는 이제 성년이고 자신의 인생을 책임져야 한다. 물론 자유를 얻었지만 오히려 책임, 의무, 본분이란 창살에 갇혀 더 자유를 빼앗겼는지도 모른다. 먼저 생계 유지를 위해 일자리를 찾아서 사법당국에 가택연금을 당한 어머니를 돌볼 수 있음을 증명해야 한다. 그는 한 번도 진짜 아들처럼 살아본 적이 없었는데 이제는 가장이 되어 이기적이고 믿을 수 없는 어머니를 어깨에 짊어져야 한다.

다리오 알베르티니의 영화에서는 모든 것이 찬란하고 슬프도록 사실적이다. 영화 대사, 젊은 마누엘이 가까스로 참고 있는 불안감, 너무나 생생해서 단순히 촬영지로만 보이지 않는 거친 변두리 해변까지 말이다. 본질만 남기고 최소한으로 축소된 줄거리 사이로 맹렬하고 냉혹한 세상에 잡아먹히지 않기 위해 끈기 있게 싸우며 자신의 삶을 개척해 나가야 하는 한 청년의 소중한 이야기가 꿈틀거린다.

이 영화의 관람포인트

1 어머니를 향한 사랑 때문에 자신의 젊음을 바치며 어려운 가장의 역할을 감수하는 청년의 희생이 얼마나 위대한지 보여준다.
2 값비싼 자유의 대가가 무엇인지 알려준다.
3 삶에 짓눌린 사람이 느끼는 숨 막히는 두려움, 공황과 고통으로 인한 발작이 무엇인지를 잘 표현하고 있다.

다리오 알베르티니 감독이 들려주는 이야기

촬영이 시작되기 몇 달 전 안드레아 라탄치를 '청소년 공화국'이라는 기관에 데리고 갔는데 그곳은 영화에서 마누엘이 머무는 그룹홈이다. 교사들의 허락하에 우리는 그를 익명으로 2주간 그곳에서 지내도록 했다. 기관의 실제 구성원으로 있는 청소년들과 생활했고 그들 중 한 사람처럼 하루하루를 보냈다. 2주가 지나자 우리는 아이들에게 안드레아의 실제 신분을 밝혔고 사과의 의미로 그들을 영화에 등장시키기로 약속했다. 그룹홈에서 촬영한 장면에 등장하는 모든 아이들은 실제로 그 기관의 입소자들이다.

★ 알베르티니 감독이 추천하는 작품: 청소년들이 꼭 봐야 할 영화는 두말할 것도 없이 〈E.T〉죠.

“이제 너는 나가서 너의 길을 찾아.”

마이크롭 앤 가솔린

★ ★ ★

감독 미셸 공드리　배우 앙쥬 다르장, 테오필 바케, 디안느 베니에

15세 관람가, 2015, 프랑스

드디어 출발이다! 마른 몸집 때문에 마이크롭이라 불리는 다니엘과 엔진을 유난히 좋아해서 몸에서 벤젠 냄새를 풍긴다고 가솔린이라 불리는 테오는 자동 벌초기와 나무판자를 활용하여 부지런히 일한 결과 마침내 바퀴달린 집을 완성했다. 이제 자신들이 만든 이상한 집을 타고 떠날 준비를 마쳤다. 모든 도주가 그러하듯 그들은 밤에 이 일을 꾸민다. 얼굴에 미소를 띤 채 바람에 머리를 휘날리며 둘은 모든 것과 모든 사람들로부터 떨어져 프랑스 시골길을 따라 비밀 여행을 떠난다. 사실 그들은 일상생활의 선로에서 좀 벗어날 필요가 있다. 다른 아이들과 함께 있기에는 너무 똑똑하고 반항적이라 학교에서 '튀는' 두 아이들이다. 다니엘은 특히 성과 사랑에 대해서 늘 불안과 의문이 가득한 화가이다. 테오는 세련된 어휘와 늘 받아칠 우스갯소리가 준비된 발명가이자 철학자이다. 쉽게 말해 그들은 늘 학교 불량배들의 1순위 표적이며 여자아이들의 눈에는 완전히 투명한 인간들이다. 가족 안에서도 분위기가 다를 바 없다. 한쪽 집은 너무 냉담하고 다른 한쪽은 숨 막히는 곳이니까. 모험과 믿기 힘든 사건들로 가득한 그들의 여름 여행은 제대로 된 복수가 될 것이다. 자유선언이자 단조로운 일상으로 가득한 날들 사이에 혁명적인 휴식이다.

공드리의 영화는 발명품들을 한데 모아놓은 회전목마 같다. 여정은 달콤하지만 끝은 씁쓸한, 유년기의 마법 같던 날에 대한 오마주이다. 너무나 사실적으로 각본을 쓰고 촬영하여 보는 이들로 하여금 감독이 한 소년의 머리에 본인의 시선을 이식했다는 생각이 들게 할 정도이다.

이 영화의 관람포인트

1 섬세하고 친밀한 방식으로 우리 안에 잠들어 있는 반항의 필요성을 그리고 있다.

2 자신의 모습을 지키려 하는 반항적인 사춘기 소년들의 독특한 초상을 보여준다.

3 두 영혼 사이에 놓인 다리, 서로 분리된 존재들 사이를 봉합하는 실이란 의미의 '우정'을 높이 사는 영화이다.

영화로운 비하인드

★ 촬영 기간은 예상보다 훨씬 길어졌다. 이런 종류의 영화는 보통 5~6주 만에 완성되는데 이 작품의 경우에는 9주가 걸렸다. 그 이유는 제일 어린 소년이 13살이었고 프랑스에서는 미성년자의 노동 시간을 매우 엄격하게 제한하기 때문이다.

★ 작가이자 감독인 미셸 공드리의 유년기 추억으로 가득한 이 영화는 앞부분이 특히나 자전적이다. 심지어 바퀴달린 집은 공드리가 어렸을 때 기획했지만 한 번도 실현시키지는 못했던 일이다.

★ 이 영화는 버디 무비(buddy movie, 둘도 없는 친구들을 위한 영화)로 분류할 수 있다. 이런 작품들은 서로 다른 성격이나 배경을 가졌지만 모험을 함께하는 두 아이의 관계를 집중적으로 그린다.

파라노이드 파크

★ ★ ★

감독 구스 반 산트 배우 게이브 네빈스, 다니엘 루, 테일러 몸슨
15세 관람가, 2007, 프랑스, 미국

알렉스와 파라노이드 파크 스케이트보드 장에서 만난 그의 새로운 친구는 선로 사이를 걸어간다. 캄캄한 밤은 그들을 습기 가득한 품에 끌어안았다. 다가오는 기차 소리가 역에 곧 도착할 것을 알린다. 두 소년은 그 기차 옆을 나란히 뛰어간다. 이것은 바로 그들의 위험한 놀이이자 도전이다. 뜀을 뛰어 화물칸에 올라타 꼭 매달린다.

하지만 누군가 그들을 목격했다. 구역을 순찰 중이던 나이가 지긋한 안전요원이다. “숨어, 경비가 있어!” 소년은 입에 담배를 문 채 소리친다. 하지만 남자는 그들을 향해 달려와 커다란 손전등으로 알렉스의 다리를 친다. 그는 세게 밀며 저항하고 안전요원은 뒤로 밀려나면서 때마침 다른 기차가 들어오고 있는 반대편 선로 위로 떨어지고 만다. 모든 일이 순식간에 일어난 탓에 남자는 도망가지 못하고 기차에 치여 몸이 반으로 절단되고 만다.

영화는 화자의 고백이자 비밀스런 일기로 관객이 하나둘씩 조각을 맞춰야 하는 모자이크처럼 타임라인을 해체하면서 전개된다. 처음에 알렉스는 자신이 저지른 행동을 받아들이는 데 어려움을 겪으며 부모님, 친구, 여자친구로 대변되는 세상과의 관계로부터 스스로를 고립시킨다. 하지만 자신의 감정을 글로 표현함으로써 점차 그것을 다스리는 법을 배워간다.

〈파라노이드 파크〉는 특별한 작품이다. 주인공들이 실제 십대들처럼 말하고 행동하며 실제 십대들이 배역을 맡은 청소년 영화이자 실제 사건을 기록한 듯 현실적인 르포르타주이다.

이 영화의 관람포인트

1 너무 사실적이라서 눈을 뜨고 빠져들게 되는 악몽을 꾸는 느낌이다.
2 죄책감이 우리의 양심과 일상생활을 얼마나 짓누를 수 있는지를 보여준다.
3 생생한 대사와 매혹적인 배경음악으로 ‘듣는 맛이 있는’ 영화이다.

영화로운 비하인드

★ 구스 반 산트 감독은 당시 매우 인기였던 마이스페이스라는 SNS를 통해 배역 캐스팅을 진행했다.

★ 〈엘리펀트〉(2003), 〈제리〉(2002), 〈라스트 데이즈〉(2005)가 속해 있는 이른바 구스 반 산트표 ‘죽음의 4부작’의 마지막 영화이다.

★ 영화 편집은 35mm, super8 그리고 비디오 카메라로 찍은 촬영물을 아우른다. 35mm, 16mm 그리고 super8은 촬영에 사용되는 필름 규격을 말한다. 필름 폭을 가리키는 숫자가 클수록 영상의 품질이 뛰어나다.

전쟁

줄무늬 파자마를 입은 소년

★ ★ ★

감독 마크 허만 배우 에이사 버터필드, 베라 파미가, 데이비드 듈리스
12세 관람가, 2008, 미국

지금은 1940년대 독일. 브루노는 시골 한가운데 높은 벽으로 둘러싸인 어둑어둑한 집에서 혼자 지내는 일이 지겹다. 그는 이제 여덟 살이고 베를린과 그의 친구들, 그리고 학교마저 그립다. 그래서 하루는 부모님의 금지령을 거역하기로 결심하고 농장 출입문을 뛰어넘어 숲을 탐험하다가 아버지가 '공장'이라고 부르던 곳까지 이르게 된다. 가시 돋친 철선으로 둘러싸인 곳 너머로 머리를 빡빡 민, 찢어진 줄무늬 파자마 차림에 '슈무엘'이라는 이상한 이름을 가진 의기소침한 아이가 서 있다.

브루노는 슈무엘의 음식 구걸과 가슴 쪽에 달린 숫자, 그리고 일터로 다시 그를 부르는 오두막에서 들려오는 휘파람 소리에 몹시 당황한다. 그러나 이내둘 사이에는 철조망으로 이어진 비밀스럽고 위험한 우정이 싹튼다. 브루노는 사람들이 말해준 것이 아닌 실제 세계를 보기 시작한다. 그의 친구는 강제수용소에 감금된 유대인이다. 그리고 자신의 아버지는 독일 나치의 강제수용소인 라거를 통솔하는 나치 장교이다.

이 영화의 힘은 끝도 없이 광대한 공포를 순진무구한 소년의 눈으로 보여주는 데 있다. 브루노는 슈무엘 못지않은 희생자이다. 둘의 처지는 다르지만 브루노는 불운한 친구의 상황을 바꿀 힘이 없다. 무지의 장막이 보다 빨리 벗겨졌다 해도 아마 마찬가지였을 것이다. 그리고 바로 이것이 서사의 또 다른 흥미로운 점이다. 결말에 이르기까지 서서히 충격적인 그림을 드러내는 퍼즐을 맞추듯, 브루노는 장면마다 악의 본모습을 깨닫게 된다.

이 영화의 관람포인트

1. 희생자의 입장에서뿐만 아니라 브루노처럼 의도치 않게 가해자의 편에 선 이의 관점에서 유대인 대학살 사건을 이야기한다.
2. 인류 역사 가운데 특히나 어두웠던 한 시대의 고통을 잊지 않기 위해 필요한 작품이다.
3. 특별히 잔인하거나 폭력적인 장면 없이 전쟁의 비극과 강제수용소의 학대를 잘 드러낸다.

영화로운 비하인드

★ 아우슈비츠를 배경으로 한 브루노와 슈무엘의 이야기는 존 보인의 동명 소설을 기반으로 탄생했다. 브루노의 가족은 악명 높은 나치 지도자 루돌프 회스의 가족과 많은 공통점을 갖고 있다.

★ 등장인물의 실상에 큰 충격을 받은 루퍼트 프렌드는 처음에 코틀러 중위 역할을 고사했다.

★ 많은 촬영 장면들이 나중에 영화에는 등장하지 않는 것을 볼 수 있다. 촬영물을 특정 순서와 흐름에 따라 합치는 영화 편집 단계에서 종종 장면들이 삭제된다.

이노센트 보이스

★ ★ ★

감독 **루이스 만도키** 배우 **카를로스 파딜라, 레오노어 바레라, 주나 프리머스**
15세 관람가, 2004, 멕시코, 미국, 푸에르토리코

"목이 말라. 그리고 발이 너무 아파. 신발에 돌이 들어간 것 같아. 분명히 우리를 죽일 거야. 아무 짓도 안했는데 왜 우릴 죽이려 하지?" 1980년 엘살바도르에서는 군대와 농민들 사이에 토지 소유를 두고 분쟁이 생긴다. 잦은 충돌은 곧 12년 동안 계속되는 잔인한 내전으로 변모한다. 쿠스카탄싱고는 게릴라와 군인들에게 점유당한 마지막 마을 중 하나이다. 차바는 다른 아이들처럼 비를 흠뻑 맞은 채 손을 머리 뒤로 올리고 있다. 총을 조준한 군인들의 중대가 그들을 둘러싸고 있다.

이 강렬한 첫 장면으로 아주 긴 플래시백이 시작되며 아버지가 가족을 버리고 떠나면서 고작 열한 살인 차바가 어떻게 가장이 되었는지를 보여준다. 그에게는 군대에 끌려가기 전 아직 1년이라는 시간이 남았다. 하지만 차바는 다른 계획이 있다. 그는 농민 게릴라에 들어가고 싶다. 정치적인 이유가 아니라 사랑하는 삼촌의 뒤를 따르기 위해서이다. 그날을 기다리며 차바는 학교생활과 첫사랑 사이에서 평온한 날들을 보낸다. 그러나 곧 전쟁이 그의 삶을 침범해서 모든 확신을 무너뜨리고 그와 그의 가족을 비극 속으로 가라앉히고 말 것이다.

〈이노센트 보이스〉는 열한 살 소년의 눈으로 세상을 바라본다는 점에서 내전으로 고통 받는 라틴아메리카를 다룬 많은 영화들과 구별된다. 우리는 차바의 순진한 눈과 따뜻한 본성을 통해 이 영화를 보게 된다. 순수한 아이의 시선으로 폭력을 묘사하여 주제를 더욱 강조했다.

이 영화의 관람포인트

1 멀게 느껴지지만 실제로 존재하는, 어린이와 청소년들이 전쟁과 거래에 동원되는 안타까운 현실에 눈을 뜨게 해준다.

2 차가운 숫자가 아닌, '진짜' 사람들의 '실제' 고통을 통해 무장투쟁이 무엇인지 드러낸다.

3 전쟁의 아픔을 분명하게 이야기하면서도 지나치게 무겁지 않다. 정직하고 힘이 있는 작품이다.

영화로운 비하인드

★ 줄거리는 작가 오스카 토레스의 유년기에서 영감을 받았다. 그는 영화 촬영 기간 대부분을 세트장에서 함께 보냈다. 총소리가 고통스러운 기억을 불러일으켜서 자주 울었다고 한다.

★ 이 영화는 2005년 지포니 영화제에서 상을 받았고 오스카 외국어영화상 멕시코 후보에 올랐다.

★ 〈이노센트 보이스〉는 범 아메리카 합작 영화이다. 여기서 합작은 다양한 나라 출신의 투자자들이 있는 것을 말한다. 이것은 예산을 증가시킬 뿐 아니라 경쟁력도 강화시켜 완성된 작품이 세계적으로 더 많이 상영될 수 있도록 해준다.

독일 영년

★ ★ ★

감독 **로베르토 로셀리니** 배우 **프란츠 오토 크루거, 에드문드 모슈케, 바르바라 힌체**
12세 관람가, 1948, 이탈리아

1946년, 패전으로 괴로워하는 베를린의 텅 빈 건물들만 남은 거리, 먼지 가득한 잔해 더미 사이에서 열두 살 에드문트는 의지할 곳 없는 연약한 짐승처럼 정처 없이 걷고 있다. 그는 방금 끔찍한 일을 저질렀고 환기할 무언가를 찾아 방황하고 있다. 에드문트는 가족 그리고 다른 실향민들과 아파트 한 채에서 전기도 가스도 물도 없이 얼마 안 되는 배급 식량으로 살고 있다. 그의 아버지는 죽음을 앞두고 있고 형은 나치 당원이었던 과거를 들키지 않기 위해 숨어 살아야 한다. 그는 헝겊으로 만든 공으로 축구를 하고 있는 아이들 무리를 발견한다. 그들과 어울려보려 하지만 쉽지 않다. 그때, 무너진 한 교회에서 갑자기 울려 퍼지는 숭엄한 오르간 소리에 발길을 멈춘다. 언뜻 평화에 대한 희망이 생길 것만 같다. 하지만 오래 가지 않는다. 극심한 파멸 가운데서 아름다움은 지속될 수 없다. 에드문트는 다시 걸음을 옮겨 자신의 운명을 향해 나아간다.

이 영화는 세상에 외친 전쟁 포고에 오히려 스스로 완전히 파멸되어버린 독일의 '영년(긴 세월)'을 로셀리니 감독이 즉석 사진으로 찍은 것 같다. 그곳은 누구보다 아이들이 터널 끝에 빛을 알아채지 못하고 방황하면서 배회하는 지옥 같은 광경이 되었다.

이렇게 거리에서 그리고 시장 논리 밖에서 '살면서' 현실을 담아내는 영화는 현시대에는 더 이상 사용하지 않는 영화 제작 방법이다. 하지만 그렇게 탄생한 영화는 오늘날에도 우리에게 메시지를 전달한다.

이 영화의 관람포인트

1. 이탈로 칼비노가 적절하게 표현했듯이 이 영화는 고전이자 할 말을 영원히 끝내지 못하는 이야기이다.
2. 전쟁이 인간을 어떻게 필연적으로 짐승처럼 변하게 하는지를 보여준다.
3. 원수의 입장을 포함하여 이야기를 다양한 관점에서 바라보는 일이 얼마나 중요한지 드러내고 관점에 대해 숙고해볼 수 있다.

영화로운 비하인드

★ 야외 촬영은 전부 독일에서, 실내 촬영은 로마에 위치한 스튜디오에서 진행되었다. 독일 배우들이 로마에 도착하고 음식을 마음껏 먹었는데 당시 그들의 고국에서는 어려운 일이었다. 이로 인해 그들의 체중이 증가했고 배우들이 다시 체중을 감량할 때까지 촬영이 연기되었다.

★ 이 영화는 로셀리니 감독이 아들 로마노에게 헌정한 작품이다. 그의 아들은 촬영이 시작되기 불과 몇 달 전 급성 맹장염으로 아홉 살에 세상을 떠났다.

★ <독일 영년>은 비전문 배우들, 긴 야외 촬영, 당대 사건들의 생생한 묘사, 평범한 사람들과 강한 도덕의식을 드러내며 당시의 현실을 사실적으로 보여주는 이탈리아식 네오리얼리즘의 걸작이다.

YOU ARE LEAVING
THE AMERICAN SECTOR
ВЫ ВЫЕЗЖАЕТЕ ИЗ
АМЕРИКАНСКОЙ ЗОНЫ
VOUS SORTEZ
SECTEUR AMÉRICAIN
"그들을 희생시킬 용기를 가질 필요가 있어. 약한 자들 말이야.
이건 자연의 법칙이야. 그런 류의 패망에서 중요한 것은 살아남는 거야."

커다란 노트

★ ★ ★

감독 야노스 자즈 배우 라슬로 게먼트, 안드라스 게먼트, 피로스카 몰너
15세 관람가, 2013, 헝가리, 독일, 오스트리아, 프랑스

1944년 쌍둥이 형제가 어머니와 함께 멀리 떨어진 한 농장에 도착하면서부터 그들의 지옥이 시작된다. 슬픔에 잠식된 그곳에 냉정한 태도로 형제를 대하는 외할머니가 있다.

"저는 다른 건 바라지 않아요. 이 전쟁에서 제 아들들이 살아남기만을 바랄 뿐이에요." 아이들의 엄마가 말한다. 할머니는 냉엄한 표정으로 쌍둥이를 훑어본다. 그리고 마치 그들이 건강 상태를 확인해야 할 동물인 듯 억지로 그들의 입을 벌려본다. 노파는 그들에게 충고한다. "전쟁은 한동안 계속될 거야. 너희들도 일을 해야만 해. 이 집에서는 공짜로 밥 먹을 생각 마."

어머니와의 애틋한 이별 후에 '암캐의 새끼들'(할머니는 그들을 이렇게 불렀다)의 지독한 농장 적응기가 시작된다. 전방으로 떠난 아버지가 모든 것을 기록하라며 준 공책으로 무장한 그들은 몸과 정신을 단련한다. 성경을 읽고 공부를 계속하는 것 외에도 고통을 견디는 법을 훈련하기 위해 서로 때리기 시작한다. 배고픔을 '정복하기' 위해 며칠을 굶는다. 세계대전이 배경에 암시적으로만 드러나는 동안 형제의 모습은 전쟁이 개인에게 미친 영향을 보여준다.

무미건조하고 모진 아름다움을 지닌 이 영화의 가장 큰 장점 중 하나는 전쟁 심리에 관한 느리고도 오싹한 성찰이다. 터지는 폭탄 바로 아래에 있지 않을 때에도 죽음의 기운은 공기 중에서 동일하게 느껴진다. 가벼운 마음으로 돌아설 수 없는 작품이다. 영화를 본 이후에도 관객의 마음에 계속 남아 생각하게 만든다.

이 영화의 관람포인트

1 이 모든 불행의 해독제 역할을 하는 형제애가 드러난다. 서로를 믿고 의지할 수 있는 가능성이기도 하다.
2 포악하고 고통스러운 전쟁의 상처를 완벽하게 표현했다.
3 손자임에도 냉랭한 태도를 유지하며, 가족을 보호하는 존재가 아닌 모습은 전형적인 할머니의 이미지를 전복시킨다.

영화로운 비하인드

★ 이 영화는 〈존재의 세 가지 거짓말〉의 1부에 속한, 동명 소설을 토대로 만들어졌으며 원작의 작가 아고타 크리스토프에게 헌정되었다.

★ 영화를 제작하며 가장 어려웠던 부분 중 하나는 쌍둥이 배우를 찾는 것이었다. 딱 맞는 형제를 찾는 일이 영화를 만드는 데 너무 중요했기 때문이다.

★ 본 작품은 베네치아 다음으로 세계에서 가장 오래된 영화제이며 제일 중요한 일반 영화제(하나의 장르나 주제만 다루지 않는)들을 포함하는 소위 A-List에 속한 카를로비 바리 국제 영화제에서 2014년 상을 받았다.

“이게 바로 전쟁이야.
그리고 전쟁에서 사람들은 서로를 죽이지.”

헝거 게임: 판엠의 불꽃

★ ★ ★

감독 게리 로스 배우 제니퍼 로렌스, 조쉬 허처슨, 우디 해럴슨
15세 관람가, 2012, 미국

매년 돌아오는 '수확'의 시간이다. 조공인을 뽑는 무자비한 추첨의 순간이 다가온 것이다. 스노우 대통령의 독재 아래 살아가는 열두 구역마다 소년과 소녀를 추첨해야 한다. 각 구역은 죽음의 전투가 기다리며 리얼리티 형식으로 방영되는 이 잔인한 헝거 게임에 참여해야 하고 한 사람만이 여기서 살아나올 것이다. 사회자의 화려한 손이 프림로즈 에버딘의 이름이 적힌 표를 뽑는다.

모두가 울음을 터뜨리기 일보 직전인 소녀를 향해 돌아본다. 하지만 그녀가 무대에 이르기 전에 언니 캣니스가 군중 사이로 나타난다. "제가 구역 대표로 자원하겠습니다!" 그녀는 외친다.

이것이 지금까지 청소년들에게 가장 사랑받은 판타지 영화 시리즈에 생명을 불어 넣은 장면이다. 캣니스는 자신이 단단하고 용감한 전사임을 증명한다. 필요할 때는 냉혹하지만 늘 인간적이고 관대하며 자신이 어쩔 수 없이 갇히게 된 죽음의 굴레에 대해 점점 비판적이 되어 간다.

다른 많은 공상 과학 시리즈처럼 수잔 콜린스의 베스트셀러를 원작으로 한 〈헝거 게임: 판엠의 불꽃〉은 미래의 초상을 그리며 이것을 현재의 비유처럼 바라보도록 우리를 초대한다. 수동카메라의 적절한 사용과 갑작스런 줌, 동기화 편집을 활용한 날카롭고 '현실적인' 연출 방식으로 영화의 스타일이나 이야기로도 크게 성공한다. 게리 로스 감독은 폭력성을 실제로 보여주지 않으며 이를 이야기하는 일에 매우 능한 사람이다. 불쌍한 젊은이들에게서 흐르는 피를 우리가 직관적으로 인식하게 만들고 죽음은 승화되어 은유적으로 표현된다.

이 영화의 관람포인트

1. 인간의 가치를 귀하게 여기지 않는 사회에 대해 성찰할 계기가 된다.
2. 제니퍼 로렌스의 당찬 연기로 영화 역사상 가장 강한 영웅을 만날 수 있다.
3. 리얼리티 쇼에서 사람의 감정을 상품처럼 전시해 하찮아 보이게 만드는 현상을 비판한다.

영화로운 비하인드

★ 촬영장에는 욕을 할 때마다 동전을 넣어야 하는 벌금통이 있었는데 절반은 제니퍼 로렌스가 채웠다고 한다.

★ 로렌스는 첫 영화 출연료로 50만 달러를 제안 받았다. 그녀는 이 시리즈의 상업적인 성공에 겁을 먹고 그 배역이 자신의 연기 경력에 어떤 영향을 미칠지 고민했다. 속편 〈헝거 게임: 캣칭 파이어〉에서는 첫 영화의 20배인 1,000만 달러의 출연료를 받았다.

★ 영웅 서사 영화는 그야말로 관객들에게 거대한 파급효과가 있는 진짜 블록버스터이다. 1940년대에 이 표현은 100미터 근방을 파괴할 수 있는 큰 규모의 미사일 폭탄을 가리키는 데 사용됐다.

"그들의 게임에서 난 하나의 장기짝이고 싶지 않아.
내가 그들의 소유가 아님을 증명할 수 있는 방법을 찾고 싶어."

조조 래빗

★ ★ ★

감독 타이카 와이티티 배우 스칼렛 요한슨, 로만 그리핀 데이비스, 토마신 맥켄지

12세 관람가, 2019, 독일, 미국

열 살 소년 조조는 도시 벽면에 나치 선전 포스터들을 붙이는 작업을 마친 후 방금 집에 돌아왔다. 위층에서 들려오는 수상한 소리에 그는 의심을 품게 된다. 소년은 엄마를 부르지만 아무런 대답이 돌아오지 않는다. 그런데 그 이상한 소리는 계속해서 들린다. 어머니 방의 한쪽 벽면 뒤편에서 나는 소리 같다. 독일 소년단의 용감한 사나이인 그에게 두려움 따위는 없다. 그렇게 그는 장식 판자 뒤에 비밀 통로가 있다는 사실을 발견하고 손전등과 주먹으로 무장하여 어두운 동굴로 기어 들어간다. 마침내 손전등의 빛줄기는 누군가의 발에 멈춰 야생적인 모습의 한 소녀를 비추게 된다. "안녕"이라는 그녀의 속삭임에 조조는 기절할 듯이 놀라 지하도를 따라 도망간다. 귀신도 아닌데 말이다!

엘사는 유령이 아니다. 조조의 어머니가 나치로부터 숨기고 있는 유대인이다. 비록 처음에는 적대적이고 의심도 많았지만 도망자를 향한 조조의 감정들은 점차 변하고 유대인에 대한 그의 생각도 바뀐다. 사람들이 믿게 만들었던 것처럼 그들은 괴물이 아니었다.

〈조조 래빗〉은 배꼽을 잡게 하고 또 눈물바다를 만들어 반(反)혐오를 풍자적으로 보여주는 다채로운 잔혹동화이다. 와이티티 감독은 결코 양립할 수 없어 보이는 것들을 아우르는 천재적인 예술가다. 그는 인류 역사의 가장 어두운 괴물인 나치즘을 놀림감으로 만들어 버린다. 모든 사람들이 유대인 대학살 같은 잔인한 참사를 가벼운 어조로 이야기하는 일에 동의하는 것은 아니다. 하지만 이 영화가 기발한 착상으로 가득하고, 훌륭한 연기와 마음 깊이 남는 결말로 감동을 주는 작품임은 결코 부인할 수 없다.

이 영화의 관람포인트

1. 한 소년의 무구한 심성이 배반당하는 일에 초점을 맞춘 아름다운 이야기이다.
2. 유대인 대학살에 관한 영화가 아닌, 증오의 벽에 의해 분리된 친구들의 우정과 한 어머니와 아들의 사랑 이야기이다.
3. 코미디가 드라마만큼이나 진지하고 흡입력 있음을 증명한다. 코미디는 흔히 생각하는 것보다 훨씬 미묘하고 유연할 수 있다.

영화로운 비하인드

★ 이 영화는 감독의 어머니가 사랑했던 크리스틴 뢰넨스의 소설 『갇힌 하늘』을 기반으로 제작되었다. 소설에 없는 유일한 인물은 히틀러이다.

★ 감독은 이 영화를 자신의 어머니와 모든 한 부모 가정 엄마, 아빠에게 보내는 러브레터라고 표현했다.

★ 감독은 비주얼 스타일에 관하여 세계대전 관련 영화들이 대부분 후반작업의 색 조정 단계에서 채도를 감소시켜 칙칙한 톤을 띄기 때문에 밝은 톤과 색채를 원했다고 한다.

"그들은 결코 승리할 수 없을 거야.
사랑은 세상에서 가장 강한 것이란다."

포그 인 어거스트

★ ★ ★

감독 카이 베셀 배우 이보 피에츠커, 세바스티안 코치, 토마스 슈베르트

국내 관람등급 미분류, 2016, 독일

"에른스트 로사, 나이는 열세 살. 어머니는 돌아가셨고 아버지는 행상인이다. 맞나?" 메모를 하는 베이트하우젠 박사의 목소리는 차분하다. 그의 맞은편에는 인상이 험한 사내아이가 서 있다. "네가 있었던 다른 기관에서는 너를 비협조적이고 반항적인 학생으로 분류했군. 사회에 기생하는 자, 도둑, 거짓말쟁이라고 적혀 있어." 이어서 "이곳 사르가우는 너에게 진짜 기회가 될 거야, 에른스트. 네가 원한다면 말이야." 아이는 조용히 서 있다. 박사는 그에게 뒤돌아서서 셔츠를 걷어 올리도록 한다. 소년의 등은 상처로 가득하다. 남자는 그를 안심시킨다. "여기서는 아무도 때리지 않는단다." 자리를 뜨기 전에 소년은 용기 내어 질문한다. "학교도 가나요?" 박사는 그를 응시하며 "아니."라며 부드럽게 답한다. 에른스트는 안도하며 미소 짓는다.

1940년 여름이다. 그리고 이 불안한 소년은 마침내 안전한 곳을 찾은 것 같아 보이고, 베이트하우젠 박사는 좋은 사람 같아 보인다. 하지만 모두 거짓이다. 나치 의사는 치료가 불가능하다고 판단하는 모든 사람에 대한 '안락사' 사업을 진행하고 있었다. 그는 아리안 인종 순수 혈통의 이름으로 무자비하게 아이들을 몰살한다. 에른스트는 그 사실을 알고 온 힘을 다해 대항하려고 애쓴다.

이 이야기는 지금까지 영화계에서 크게 주목받지 못한 어두운 주제를 다룬다. 20만 명 이상의 정신질환자, 장애인 그리고 불치병을 앓는 사람들이 희생된 나치의 인종개량 사업을 조명한 것이다. 에른스트 로사의 삶은 잊히지 않는 이야기이다. 관객의 머릿속에 오랫동안 반향을 일으키는 충격적인 드라마이다. 영화에서 묘사된 폭력은 정신적이고 차갑고 극렬하여 어쩌면 더 견디기 힘든 것으로 만드는지도 모른다.

이 영화의 관람포인트

1. 너무 오랫동안 외면해 온 '비극 속의 비극'을 마침내 밝힌다.
2. 어떻게 악이 거짓말과 믿음직한 얼굴로 위장하여 우리 앞에 나타날 수 있는지를 보여준다.
3. 흠이 없는 영웅은 아니지만 감동을 주는 포용력과 세심함으로 악에 저항하는 에른스트를 만나고 사랑하게 해준다.

영화로운 비하인드

★ 〈포그 인 어거스트〉는 로버트 돔의 동명 원작의 실화에서 탄생한 영화이다.

★ 사실적인 접근을 위해 영화 제작 과정에서 나치 인종개량 안락사의 권위자 미하엘 본 크라나흐의 전문적인 의견을 반영했다.

★ 이 영화의 대사는 편집 과정에서 자주 사용하는 기술인 '시점 샷/리버스 샷'으로 표현된다. 이것은 두 등장인물이 대사를 주고받는 모습을 각각의 시점으로 화면을 번갈아가며 보여주는 방식이다.

백 오브 마블스

★ ★ ★

감독 **크리스찬 두가이** 배우 **도리안 르 크레취, 바티스트 플로리얼, 패트릭 브루엘**

국내 관람등급 미분류, 2017, 프랑스

조포 아저씨가 자신의 두 아들에게 니스로 떠나야 한다고 선언한 것은 저녁 식사 시간이었다. 더 안전한 곳을 찾아 도망가야 했다. 파리는 이미 독일에 의해 점령당했고 나치는 유대인들을 전부 소탕하고 있었다. 그날 저녁에 빨리 떠나야만 했다. "중요한 건 절대로 아무에게도 너희가 유대인이라고 말하지 않는 거야." 아버지는 반복했다. 두 소년은 약속했다. 그리고 아버지는 동생에게 차분히 물었다. "조, 너는 유대인이니?" 그는 웃으며 아니라고 대답했다. 아버지는 세차게 그의 뺨을 때렸다. 너무 놀라고 혼란스러웠다. 이번에는 히브리어로 다시 질문했다. 조는 다시 부인했다. 또 다시 손바닥이 철썩 날아왔다. "이디시어로 말할 때 절대 대답하지 마." 아버지는 그를 때리고 혼내며 계속해서 시험했다. "난 네가 유대인인거 알아!" 하지만 아이는 버티며 시인하지 않았다. 이제는 부자가 함께 울고 있었다. 조포 아저씨는 아들을 자랑스럽게 껴안았다.

모리스와 조는 그렇게 나치로부터 자유로운 프랑스 남부로 향하는 여행길에 오른다. 어마어마한 고난으로 가득한 여정이라 작은 실수 하나가 그들의 목숨을 위태롭게 만들 수 있다. 하지만 두 소년은 영리하고 용감한데다 의심할 여지 없는 재능을 타고 났다. 과연 이들은 나치의 만행으로부터 살아남아 다시 가족과 상봉할 수 있을까?

이 영화는 우리가 알아야 할 중요한 기억조각을 쥐어주면서 실화와 모험소설을 완벽하게 섞어놓는다. 〈백 오브 마블스〉는 감상주의로 빠지지 않으면서 어린 두 배우의 탁월한 연기로 성숙해가는 형제 관계와 살아남기 위해 빨라질 수밖에 없었던 그들의 성장 이야기를 그린다.

이 영화의 관람포인트

1 오늘날 우리에게 인종 박해로 인한 고통은 더 이상 반복되어서는 안 된다고 경고한다.

2 액션, 역전 그리고 마음을 사로잡는 모험으로 가득하다.

3 멋진 형제 관계와 잊을 수 없는 아버지상을 그려냈다.

영화로운 비하인드

★ 1973년에 발표된 조세프 조포의 자전적인 소설을 기반으로 한 작품으로 이미 영화화된 적이 있지만 작가는 자신이 그린 아버지상이 제대로 반영되지 않아 불만족했다고 한다.

★ 니스에서 진행된 촬영 중 시청 건물 앞에 나치 깃발이 몇 분 동안 걸렸는데 지차제가 주민들에게 사전에 이를 공지했음에도 불구하고 지나가는 사람들을 자극하며 경악하게 했다.

★ 많은 장면에서 영화계에 혁명을 가져온 무선 조종 무인 비행기, 드론이 사용되었다.

책 도둑

★ ★ ★

감독 **브라이언 퍼시벌** 배우 **소피 넬리스, 제프리 러쉬, 에밀리 왓슨**

12세 관람가, 2013, 미국, 독일

1938년 독일, 히틀러의 생일을 맞아 온 나라가 나치 행진과 집회 준비로 바쁘다. 열두 살 리젤과 그의 양부모 한스와 로사도 참석해야 한다. 무대 위에서 큰 소리로 외치는 나치 친위대 장교 밑에는 열렬한 군중이 모여 있다. “우리는 지적인 지스러기를 쓸어내 버리기 위해 이렇게 한밤중에 모였습니다.” 그리고 한 군인이 손전등을 들고 광장 한가운데 놓인 거대한 책 더미에 다가가 불을 지른다. 사람들은 매우 기뻐한다. 리젤과 그의 친구 루디에게도 불에 던질 책들이 주어진다. 그녀는 내키지 않지만 해야만 한다. 몇 시간 후 사람들이 모두 집으로 돌아가자 연기가 피어오르는 잿더미에서 소녀는 가까스로 살아남은 책 한 권을 훔친다.

한스의 가르침을 통해 리젤은 글을 빨리 깨쳤다. 그리고 독서에 대한 사랑 덕에 부모가 지하 창고에 숨기고 있는 유대인 청년 막스에게 품었던 불신을 극복한다. 그와 함께 리젤은 불에서 건진 소설과 본인이 심부름을 맡고 있는 시장 사모님의 도서관에서 훔친 책에 흠뻑 빠진다. 리젤과 막스에게 상상하는 일은 그들 주위를 강습하는 나치의 공포에서 도망갈 유일한 방법이다.

확실히 아동과 청소년 관객을 위해 기획된 영화이며 이것이 바로 이 작품이 가진 힘이다. 전쟁과 나치즘의 잔인함을 순화하여 묘사함으로써 무지의 위험성과 폭력에 대한 대항책으로 독서가 지닌 해방 능력과 같은 다른 면모들을 부각시켰다.

이 영화의 관람포인트

1 언어가 어떻게 의식의 양분이 되고 상상의 문을 열어주며 이를 통해 우리를 자유롭게 해주는지를 보여준다.

2 친숙한 분위기의 이야기로 역사를 누구나 이해하기 쉽게 만들었다.

3 호화 출연진 중에서도 자신이 맡은 배역에 신빙성과 인간성을 불어 넣는 제프리 러쉬와 에밀리 왓슨(리젤의 양부모 역)이 돋보인다.

영화로운 비하인드

★ 막스가 아팠을 때 리젤이 읽어준 책 중 하나가 바로 이 영화의 원작 소설인 마커스 주삭의 『책 도둑』이다.

★ 소피 넬리스(리젤 역)가 출연진 중에 에밀리 왓슨이 있다는 소식을 들었을 때 그녀의 어머니가 오해를 바로 잡아주기 전까지 그녀는 엠마 왓슨(〈해리 포터〉 시리즈의 헤르미온느 역)이라 생각했다고 한다.

★ 영화에 등장하는 내레이터는 바로 ‘죽음’이다. 이처럼 화면에 나타나지 않고 관객에게 목소리로만 다가가는 것을 ‘보이스 오버’라 한다.

"너의 글 속에서 언제나 나를 찾을 수 있을 거야.
거기서 내가 살고 있을게."

인생은 아름다워

★ ★ ★

감독 로베르토 베니니 배우 로베르토 베니니, 니콜레타 브라스키, 조르지오 칸타리니
전체 관람가, 1997, 이탈리아

기차가 멈추고 독일군은 성난 개처럼 소리를 질러댄다. 지치고 겁을 잔뜩 먹은 수백 명의 사람들이 열차에서 내린다. 그중에 귀도와 그의 아들 조수아가 있다. 이들은 나치군이 잡아온 유대인이다. 귀도의 아내 도라도 함께 있다. 유대인은 아니지만 가족과 떨어지기 싫어 따라온 것이다. 그러나 이제는 어쩔 수 없이 갈라져야 한다. 남자들은 이쪽, 여자들은 저쪽으로 나눠진다. 어린 조수아는 길고 불편한 여행 탓에 쇠약해졌고 엄마와 떨어지게 되어 매우 슬퍼하고 있다. 귀도는 그들이 처한 상황을 아들이 좀 덜 잔인하게 느끼도록 이들이 도착한 강제수용소가 많은 사람들이 참가하는 게임판이며 군인들은 게임 감독관이라고 믿게 만든다.

그 순간부터 귀도는 자신의 아들을 보호하고 숨기기 위해 평행 현실을 구축하여 게임 규칙을 만들고 어린이들을 강제수용소에서 '쓸모없는' 존재로 여겨 없애려는 나치 교도관들의 눈에 띄지 않도록 한다.

〈인생은 아름다워〉는 확실히 두 부분으로 나누어진 영화다. 첫 번째 부분에서는 유대인을 향하여 점점 파시즘적이고 인종 차별적인 이탈리아를 익살스럽게 묘사한다.

두 번째 부분은 강제수용소를 배경으로 벌어지는 만행을 직감하게 해준다. 하지만 베니니의 천재적인 재치가 이곳에서마저 유머를 만들어낸다. 이 영화는 파시즘에 대한 이야기가 아니라 인간 정신에 대한 이야기이다. 잔인한 전쟁으로 황폐화된 꿈들의 잔해 속에서 희망으로 가득한 것, 좋은 것을 뽑아내고 지켜내는 일에 대해 이야기한다.

이 영화의 관람포인트

1. 웃을 수 없는 상황에서도 항상 미소 지을 이유를 찾아보도록 만든다.
2. 유머라는 강력한 무기를 통하여 인류 역사의 고통스러운 한 페이지를 들려준다. 이는 비극을 부인하는 의미가 아니라 역사를 되돌아보는 도구로 사용된다.
3. 비현실적인 방식으로 악의 위력과 부조리를 고발하며 그럼에도 불구하고 마법처럼 '진실'을 이야기한다.

영화 속 비하인드

★ 이 영화는 세 개 부문에서 오스카상을 받았고 그중 베니니의 남우주연상이 있다. 그에 앞서 이탈리아 배우 중에 수상한 사람은 〈장미문신〉의 안나 마냐니와 〈두 여인〉의 소피아 로렌뿐이었다.

★ 강제수용소에서 베니니가 입고 있는 옷에는 찰리 채플린이 〈위대한 독재자〉에서 감금되었을 때 입고 있는 죄수복과 똑같은 번호가 찍혀 있다.

★ 베니니의 개그 스타일은 찰리 채플린과 버스터 키튼처럼 보디랭귀지를 활용하여 단순하고도 웃음을 참을 수 없게 만드는 코미디 장르인 슬랩스틱(slapstick)을 재연한 것이다.

"이건 단순한 이야기예요,
그럼에도 불구하고 표현하기가 쉽지 않죠.
동화처럼 슬프고 또 동화처럼 놀라우며 행복이 담긴 이야기예요."

굿바이 칠드런

★ ★ ★

감독 루이 말 배우 가스파스 마네스, 프랜신 라세트
12세 관람가, 1987, 프랑스

쥴리앙은 인정하고 싶지 않지만 기차역에서 엄마를 앞에 두고 울고 있다. 그는 강한 사나이이고 친구들 사이에서도 무리를 이끌며, 타인에게 존경받는 법을 아는 사람이다. 하지만 어머니와의 이별은 그저 힘들기만 하다. 반면 엄마는 특별히 아파하지 않는 것 같다. 결국 쥴리앙을 위한 일이니까. 그녀는 전쟁이 초래한 각종 위협으로부터 아들을 보호하기 위해 그를 기숙학교에 보내려 한다.

제2차 세계대전이 프랑스와 유럽 전역에서 기승을 부리지만 신부들이 운영하고 있는 학교 안에서의 삶은 아무런 영향도 받지 않은 것 같다. 평온했던 일상은 전학생, 장 보네의 등장으로 새로운 국면을 맞게 된다. 쥴리앙은 그와 책으로 가득 찬 그의 짐 가방을 유심히 관찰한다. 멀리서 그를 탐구하며 다른 친구들과는 달리 신비롭고 진중하며 섬세한 그의 성격에 호기심을 느낀다.

이 영화의 중심에는 쥴리앙과 장 사이에 싹튼 깊은 우정과 장의 정체를 둘러싼 비밀이 놓여 있다. 장은 사실 거짓 신분으로 위장하고 도피 중인 유대인이다. 그 덕분에 쥴리앙은 문학, 음악, 미술의 세계에 눈을 뜨게 되고 유대인들이 쫓아내야 할 기생충도 아니고 나치 이념이 그려놓은 것처럼 사악한 괴물도 아님을 깨닫게 된다. 소년의 마음을 뒤엎어 놓는 것은 오히려 수많은 사람들의 사고를 증오심으로 덮어버리는, 근거 없는 고집과 선입견의 위험성이다. 자신의 어머니처럼 믿을만하고 교양 있다고 생각했던 사람도 포함해서 말이다. 쥴리앙이 장과 영원히 이별해야 하는 순간, 그는 무의미한 악의 공격 아래서 이미 자신의 무고함을 완전히 상실했음을 깨닫게 될 것이다.

이 영화의 관람포인트

1 유대인 대학살인 홀로코스트의 공포를 경쾌하고 시적으로 표현했다.

2 편견과 극한의 두려움까지 무너뜨릴 수 있는 깊은 우정 이야기를 선사한다.

3 말도 안 되는 이야기 같지만 실화이며 무엇보다 감독이 실제로 경험한 일이라는 점에서 깊은 감명을 준다.

영화로운 비하인드

★ 이 영화는 1944년 열한 살 나이에 아봉 기숙학교에 입학한 감독 루이 말의 실제 경험을 기반으로 한다.

★ 프랑스어로 된 영화의 원제목은 'Au revoir les enfants'이다. 영화감독 쿠엔틴 타란티노는 이 영화를 무척 좋아했는데 발음하는 법을 몰라 'the reservoir film'이라 불렀다. 이러한 이유로 그의 첫 번째 작품에는 'Reservoir dogs'(저수지의 개들)이라는 제목을 붙였다!

★ 촬영은 8주에 걸쳐 진행되었는데 장편 영화로서는 평균 촬영 기간에 속한다. 물론 영화 종류에 따라 다르지만 5주 이내로 찍거나 10주 이상 촬영하는 일은 드물다.

인생의 스승

죽은 시인의 사회

★ ★ ★

감독 피터 위어 배우 로빈 윌리엄스, 로버트 레오나드, 에단 호크
12세 관람가, 1989, 미국

"쓰레기!" 조금 전까지 따분하게 앉아있던 학생들은 눈을 번쩍 뜨며 그 말을 내뱉은 교사를 바라본다. 그들의 주의를 끄는 데 성공한 젊은 선생은 말을 이어간다. "우리는 지금 배관 이야기를 하는 것이 아니라 시에 대한 이야기를 하고 있습니다. 대중가요 순위표로 시를 평가할 수는 없잖습니까!" 학생들이 웃는다. 이 교사는 명성 높은 웰튼 아카데미의 다른 엄하고 구닥다리인 선생님들과 다르다. 그의 이름은 키팅이다. "여러분, 이제 그 페이지들을 찢어버리세요." 그래프와 수학공식으로 시인들을 평가하라고 말하는 서론을 가리키며 그는 말한다.

오늘은 그 고등학생들의 인생을 영원히 바꿔놓을 새로운 학년의 첫 날이다. 존 키팅은 유복한 청년들이 모인 숨 막히는 1950년대의 학교에 자유의 쓰나미처럼 나타났다. 키팅은 자신의 제자들이 열정, 야심, 사랑 그리고 특별히 시를 품고 살도록 인습의 테두리 밖으로 끌어낸다. 새로운 길을 찾아 나서도록 그들을 초대한다. 그들의 청춘이 시들기 전에 변화를 무릅쓰고 꽃을 피우도록 독려한다.

〈죽은 시인의 사회〉는 인생을 살아가며 열정과 자유에 대한 교훈을 잊어버리지 않도록 모든 이가 한 번씩 다시 봐야 할 영원한 고전이다. 이 이야기는 아주 장엄한 그림을 배경으로 묘사된다. 가을빛으로 물든 뉴잉글랜드의 낭만적인 풍경과 호그와트처럼 아늑한 교정의 온화한 건물들은 영원히 존재할 장소처럼 우리 가슴에 각인된다. 그리고 교사 역할의 로빈 윌리엄스는 우리 기억 속에서 결코 사라지지 않을 것이다.

이 영화의 관람포인트

1. 전 시대를 통틀어 가장 카리스마 넘치고 열정적인 '교사'상을 선사한다. 키팅은 모든 학생들이 만나고 싶어 하는 스승이다.
2. 아이, 어른 할 것 없이 지금 이 순간에 충실하라는 '카르페 디엠'을 일깨워준다.
3. 영화가 끝날 즈음 눈물이 그렁그렁 맺히는 감동이 있다. 또한 상황이나 조건에 상관없이 자신의 꿈을 따르고 싶은 충동으로 가슴이 두근거리게 만든다.

영화로운 비하인드

★ 감독 피터 위어는 젊은 배우들의 관계가 더욱 돈독해지도록 촬영 기간 동안 이들 모두 같은 방에서 잠을 자도록 했다.

★ 키팅 역에 로빈 윌리엄스가 캐스팅되기까지 여러 유명 배우들이 물망에 올랐다. 바로 더스틴 호프만, 리암 니슨, 미키 루크, 빌 머레이, 멜 깁슨인데 이런 저런 이유로 결국 출연을 거절했다.

★ 눈밭에서 토드가 오열하는 장면은 롱테이크로 촬영됐다. 이는 일반적인 촬영보다 훨씬 길고 중단 없이 한 번에 촬영하는 기법을 말한다.

"카르페 디엠. 매 순간을 소중히 하라.
너의 삶을 특별하게 만들어라."

캡틴 판타스틱

★ ★ ★

감독 **맷 로스** 배우 **비고 모텐슨, 조지 맥케이, 프랭크 란젤라**
15세 관람가, 2016, 미국

미국의 어느 밀림 사이로 웃통을 벗은 한 소년이 긴 머리를 바람에 휘날리며 자신의 은신처에서 나와 아무것도 모른 채 풀을 뜯고 있는 사슴을 덮친다. 몇 초 만에 그는 기다란 칼로 짐승의 목을 잘라 죽인다. 잠시 후 수풀 사이로 수염이 짙은 남자와 또 다른 아이들이 나온다. 남자는 아직도 뜨거운 사슴의 심장을 꺼내어 사냥꾼에게 내밀며 말한다. "오늘은 소년이 죽고 그 자리에 남자가 탄생한다." 소년은 피로 가득한 심장을 꽉 붙잡고 베어 문다. 그리고 다 함께 개울에서 물장난도 치고 행복하게 웃으며 몸을 씻는다.

이들은 한 가족으로, 여섯 아이의 아버지인 벤 캐시는 아이들을 이렇게 키우기로 결정했다. 야생에서, 대담한 꿈을 따라, 문명화되고 소비지향적인 세상 밖 존재로 말이다. 음식은 직접 사냥해서 마련한다. 이들은 무술과 명상으로 스스로를 단련하고 춤을 추고 노래를 부르며 악기를 연주한다. 천국을 되찾은 것만 같다. 비극적인 소식이 그들의 숲속 생활을 뒤집어 놓기 전까지는 말이다. 가족은 머나먼 뉴멕시코를 향한 여정에 오를 수밖에 없다. 벤이 멀리 하려고 스스로를 다그쳤던 그 '외부 세계'를 향해 간다.

이 영화의 힘은 젊은 캐시 가족 구성원들이 그들에게 생소한 소비 사회를 대면할 때 보이는 모순에 있다. 그 빛에 이들은 눈이 멀어버리고 동시에 이제껏 경험하지 못한 '평범함'에 매료된다.

이 영화의 관람포인트

1. 우리의 생활양식이 인류 보편적 방식이라 믿으며 종종 당연하다고 여긴다. 그러나 이 영화는 그동안의 생활을 돌아보게 만들뿐만 아니라 재미까지 놓치지 않았다.
2. 야만적인 소비가 특징인 우리 생활을 반성하게 만든다.
3. 모든 것을 다양한 관점에서 바라보는 법을 배우면 어떤 것을 판단하기 전에 더 잘 이해하는 데 도움이 된다. 이 영화의 경우엔 한 부모와 그 자녀의 입장이 되어 보면 좋다.

영화로운 비하인드

★ 감독은 여섯 아이들의 부모와 출연 계약을 맺을 때 촬영장에서 전자 기기 사용을 금지하고 촬영 기간 동안 단 음식이나 정크 푸드를 너무 많이 먹지 않게 하는 조건을 내걸었다.

★ 감독 맷 로스는 어릴 적에 캐시 가족과 정말 비슷한 방식으로 생활했다.

★ 배우들은 복잡한 역할을 연기하기 위해 등장인물의 특징을 연구해야 할 뿐 아니라 배역에 맞는 몸을 만들어야 할 때도 있다. 조지 맥케이는 자신이 맡은 배역이 더 생생해 보이도록 매일 4시간씩 요가로 몸을 단련해야 했다.

"희망이 없다고 생각하면 정말 희망이 없어진다.
하지만 자유에 대한 본능이 존재한다고 믿는다면
아직 변화의 기회는 있고 상황이 바뀌도록 애쓰게 되겠지."

베스트 키드

감독 존 G. 아빌드센 배우 랄프 마치오, 팻 모리타, 엘리자베스 슈
12세 관람가, 1984, 미국

열여섯 살 다니엘은 최근 캘리포니아로 이사 오게 되면서 해변에서 보낼 수 있는 날들, 바다 근처에서 일광욕을 즐기는 미녀들 등 새로운 생활의 긍정적인 측면들을 음미하고 있다. 그들 중에 매력적인 금발의 앨리가 눈에 띈다. 그는 용기를 내어 다가가고 그녀 역시 관심을 보이는 것 같다. 하지만 이 마법은 그녀의 옛 남자친구 자니가 등장하면서 깨져버린다. 자니는 앨리와의 이별을 받아들이지 않고 그녀를 계속 귀찮게 한다. 다니엘은 그녀의 편을 들기 위해 끼어들지만 당수 선수인 자니는 그를 단번에 쓰러뜨린다. 다니엘이 얻은 건 창피함과 시퍼렇게 멍든 눈, 그리고 코피뿐이다. 그 순간부터 다니엘은 자니 무리가 가장 만만하게 노리는 표적이 된다. 어느 날 그들과 싸우던 다니엘을 일본인 당수 고수 미야기가 구해준다. 그는 당수가 방어수단이지 폭력성을 분출하기 위한 것은 아니라고 설득한 후 다니엘의 사부가 되기로 승낙한다. 그는 겉보기에는 굴욕적이지만 특별한 방법으로 다니엘에게 무예의 길을 가르쳐준다. 수련 초반은 어려웠지만 이내 그는 전술을 익히고 자신감을 얻어 유명한 당수 대회에서 자니에게 도전한다.

흔히 생각할 수 있는 것과는 달리 이 영화의 진수는 전투장면이 아닌, 사람들 사이의 관계와 단순하고 효과적으로 표현하는 감정에 있다. 가정 형편 차이로 난관에 부딪히는 첫사랑, 미야기와의 우정으로 채워지는 아버지의 빈자리, 집단 따돌림에 대한 투쟁 등 오늘날에도 충분히 즐길 수 있고 모두가 인정하는 고전이다.

이 영화의 관람포인트

1. 훈련이 어떻게 목표와 결과를 잇는 다리가 되어 우리가 정한 행선지에 이르는 열쇠를 찾을 수 있는지 명확하게 보여준다.
2. 우리의 길을 찾기 위해 멘토의 말에 귀 기울이는 일의 중요성을 보여준다.
3. 자기 긍정, 복수, 건전한 태도로 자신의 불안을 극복하는 일을 다룬다.

영화 뒷얘기 비하인드

★ 왁스를 칠하고 닦아내는 유명한 장면에서 다니엘이 광을 냈던 자동차는 촬영 후에 그에게 선물로 주어졌으며 랄프 마치오는 지금까지도 그 차를 가지고 있다고 한다.

★ 엑스트라들은 경기 장면에 어찌나 몰입했는지 카메라가 꺼진 동안에도 휘파람을 불며 윌리엄 자브카(자니 역)에게 야유를 보냈다.

★ 엑스트라 또는 백그라운드 배우는 우리가 흔히 보조 출연자라고 부르는 이들이며 특히 역사 영화처럼 많은 군중이 등장하는 장면에 필요하다.

르 브리오

★ ★ ★

감독 이반 아탈 배우 다니엘 오떼유, 카멜리아 조다나, 야신 후이차

국내 관람등급 미분류, 2017, 프랑스

이곳은 파리 2대학교의 법학과 학생들로 가득 찬 강의실이다. 한 마그레브계 여학생이 뒤늦게 숨을 헐떡이며 들어온다. 이는 마자르 교수의 주의를 끈다. 교수는 학생의 이름을 묻는다. 그녀는 모두가 자신을 쳐다보자 당황하여 대답한다. "네일라 살라입니다."

그는 비꼬는 투로 대답한다. "그럼 뭐가 이름인 거지?" 교수의 횡포에 그녀가 날카롭게 대꾸하자 학생들은 저항하는 동료에게 박수를 보낸다. 마자르 교수는 기분이 상해서 인종 차별적인 발언으로 그녀를 공격한다. 학생들은 교수의 모욕적인 언사에 흥분한 상태다. 누군가 스마트폰으로 그 상황을 촬영한다. 수업시간 내내 교수는 여학생의 옷차림, 문화를 들먹이며 그녀를 자극한다.

논쟁 영상은 곧 온라인과 SNS에 올라가고 격분의 파도가 일어 총장이 조치를 취할 수밖에 없게끔 만든다. 마자르 교수는 해고를 면하려면 그 대학이 4년째 승리를 거두지 못하고 있는 국제웅변대회에 참가하도록 네일라를 준비시켜야 할 것이다. 하지만 이 시니컬하고 까다로우며 자신의 편견 속에 갇혀 사는 교수는 그녀가 승리하는 데 반드시 필요하고 거부할 수 없는 멘토가 된다.

〈르 브리오〉는 숙련된 솜씨의 각본이 돋보이는 우아하고 재밌는 영화이다. 설교 같은 느낌 없이 서로 다른 문화, 관점, 사회계층 사람들 간의 관계에 대해 생각하게 만드는 힘이 있다. 영화에서 보기 드문 지성이 빛나는 작품으로 이야기와 등장인물에 늘 충실하면서 관객을 웃기고, 괴롭게 하고, 반성하게도 만든다.

이 영화의 관람포인트

1 편견을 극복하기 위한 유일한 수단으로서의 사회 문화적 교류에 대한 찬가이다.

2 한 걸음 뒤로 물러서서 자신을 희생할 줄 아는 법의 중요성을 보여준다.

3 다른 사람들을 설득할 수 있는 논증으로 대화를 구성하는 법에 관한 훌륭한 조언을 전달한다.

영화로운 비하인드

★ 발상이 너무 흥미로운 영화라 할리우드도 이 이야기에 금방 관심을 보였고 미국에서 존 레전드와 레티티아 라이트(〈블랙 팬서〉의 슈리 역)가 출연하는 리메이크 영화를 제작 중이다.

★ 카멜리아 조다나는 TV쇼 누벨 스타(신인왕)로 유명해진 가수이기도 하다.

★ 영화 초반에 마자르 교수가 수업 중인 강의실 규모가 어떤지 보여주기 위해 감독은 마스터 숏을 종종 사용한다. 이것은 배경 전체를 아울러 한 장면의 시점을 보여주는 촬영법이다.

코러스

★ ★ ★

감독 크리스토퍼 파라티에　배우 제라르 쥐노, 프랑수와 벨레앙, 장 밥티스트 모니에
전체 관람가, 2004, 프랑스, 스위스, 독일

"1949년 1월 15일. 여러 해 동안 실패를 거듭한 나는 최악이 아직 남아 있음을 확신했다." 이야기는 장엄한 퐁드레탕 기숙학교의 눈 내린 교문 앞에서 시작한다. 이곳은 사회에 적응하지 못한 아이들을 재교육하기 위한 기관이다. 그날은 클레몽 마티유가 임시 교사로 부임하는 날인데 그는 사실 실직한 음악 교사이다. 나이가 지긋한 경비원이 그를 맞이하고 학교를 안내한다. 마티유가 "이곳 아이들은 어떤가요?"라고 질문하자 그는 의미심장한 표정과 또 다른 질문으로 대답한다. "얘기 못 들으셨어요?" 사실상 그곳 학생들은 구제불능 쓰레기로 취급되고, 교장은 그들을 무력으로 통제한다. 어린 피에르는 천사 같은 얼굴과 목소리를 가진 우두머리이자 문제아이다. 순조롭지 않은 시작이었지만 아이들의 노래 소리를 듣게 된 어느 날 마티유는 가슴 속에 불이 솟아오르는 것을 느끼고 이내 합창단을 꾸리기로 결심한다. 교장은 허락하지 않지만 마티유는 저항하며 몰래 연습을 감행한다. 아이들과 그들의 선생님 마티유에게 음악은 깊은 변화의 원동력이 될 것이다.

강렬한 무언가가 전혀 없는 이야기임에도 불구하고 〈코러스〉는 우리에게 감동을 선사하며 아이들이 부르는 아름다운 노래 덕에 스크린 앞에 꼭 붙어 있게 만든다. 감독은 멜로 드라마의 페달을 너무 세게 밟지 않도록 힘 조절에 유의하며 우리에게 균형 잡힌 이야기를 선사한다. 실제로 존재할 것만 같고 우리의 마음을 움직이는 다채로운 등장인물들로 인해 분위기를 너무 무겁게 만들지 않으면서도 감동을 준다.

이 영화의 관람포인트

1. 처벌에 기초한 지나치게 엄한 교육이 아이들에게 어떤 피해를 주는지 보여준다.
2. 우리의 귀를 어루만지며 다른 세계로 데려다 주는 영화 음악을 감상할 수 있다.
3. 열정적인 사람이 되는 것의 중요성에 대해 생각하게 해준다. 열정은 산도 움직일 수 있다.

★ 마티유 역할을 맡은 제라르 쥐노는 영화 제작비를 지원하기 위해 프랑스 파리에 있는 자신의 집을 저당 잡혔다. 하지만 이 압류는 곧 해제됐다.

★ 대장 피에르 배역에 감독은 영화에 나오는 모든 노래를 부른 생마르크 소년 합창단의 실제 솔리스트를 선택했다.

★ 이 영화는 한 여름에 촬영했지만 배우들은 1월인 것처럼 연기해야 해서 겨울옷을 입어야만 했다. 의상을 선택하고 만드는 일은 영화 의상 디자이너의 일이다.

"불가능하다고 생각하면 불가능할 뿐이다.
도전할 만한 가치 있는 일은 늘 있기 마련이다."

위플래쉬

★ ★ ★

감독 데이미언 셔젤 배우 마일즈 텔러, J.K. 시몬스, 멜리사 베노이스트
15세 관람가, 2014, 미국

명문 셰이퍼 음악학교의 어두운 복도 끝에서 젊은 청년 앤드류가 드럼 연습을 하고 있다. 그런데 검은 옷을 입은 남자가 어떤 문에서 갑자기 튀어 나왔다. 앤드류는 연주를 멈춘다. 남자는 그의 이름과 학년을 묻고 자신을 아는지 물었다. 앤드류는 그렇다고 대답했다. 테렌스 플레쳐, 그는 뉴욕 최고의 음악학교에서 악명 높은 교수이다. "왜 멈췄어?" 그는 단도직입적으로 물었다. 앤드류는 다시 연주를 시작했다. "내가 다시 시작하라고 말했던가? 나는 왜 멈췄는지 물었는데 자네는 대답하는 대신 성미 급한 원숭이처럼 행동하는군." 남자는 그에게 망신을 준다. 청년은 사과한다. 플레쳐 교수는 다시 연습을 중단시키며 아주 어려운 재즈곡 몇 소절을 연주하라고 시킨다. 그는 청년을 극한까지 몰아가며 자꾸만 더 많은 요구를 한다. 그러다가 아무 말도 없이 갑자기 들어왔던 문으로 사라진다. 앤드류는 어리둥절하다. 맥이 빠지고 방금 전 상황이 믿기지가 않는다. 이 첫 장면에서 우리는 앞으로 두 사람의 관계가 험난할 것임을 예감할 수 있다. 멋지지만 군대 상사처럼 잔인한 교수는 앤드류의 몸과 신경을 강하게 시험할 것이다. 플레쳐 교수는 선망의 대상인 자신의 밴드에 앤드류를 들인다. 청년은 기뻐서 어쩔 줄 몰라 한다. 하지만 곧 지옥 같은 오디션과 연습, 거기에 갖은 모욕까지 겪어야 함을 알게 될 것이다. 참을 수 없는 리듬들은 최고가 되기를 원하는 앤드류를 모든 것과 모두로부터 멀어지도록 몰고 간다.

데이미언 셔젤은 수준 높은 스릴러의 긴장감과 강렬함으로 한 음악인의 성장기를 그린다. 〈위플래쉬〉는 '영광'에 절대적인 가치를 두었을 때 나타나는 결과에 대한 이야기이다. 하지만 멘토와 제자 간의 일그러진 관계를 다룬 작품이기도 하다. 보고 또 봐도 좋은, 놓쳐서는 안 될 영화이다.

이 영화의 관람포인트

1. 무슨 수를 써서라도 성공하고자 하는 야망이 우리의 삶 전체를 집어삼킬 수 있음을 경고한다.
2. 이토록 깊고 맹렬한 스승과 제자 간의 역동을 볼 기회가 흔하지 않다.
3. '결과가 과정을 정당화 한다'는 마키아벨리적 표어가 가져올 수 있는 처참한 심리적 후유증을 섬세하게 표현한다.

영화로운 비하인드

★ 가장 힘든 연습 장면에서 배우 마일즈 텔러는 드럼과 스틱에 피를 묻히며 손에 물집이 생길 때까지 연주했다.

★ 앤드류가 교수에게 뺨을 맞는 장면은 진짜 때린 것이다. 때리는 척하는 것이 느낌을 살리지 못했기 때문이다.

★ 이 영화를 바탕으로 한 단편 영화가 2013년 선댄스 영화제에서 상을 받았다. 선댄스는 독립영화계에서 가장 유명한 영화제로, 독립영화는 할리우드의 대형 스튜디오에서 제작하지 않은 영화를 말한다.

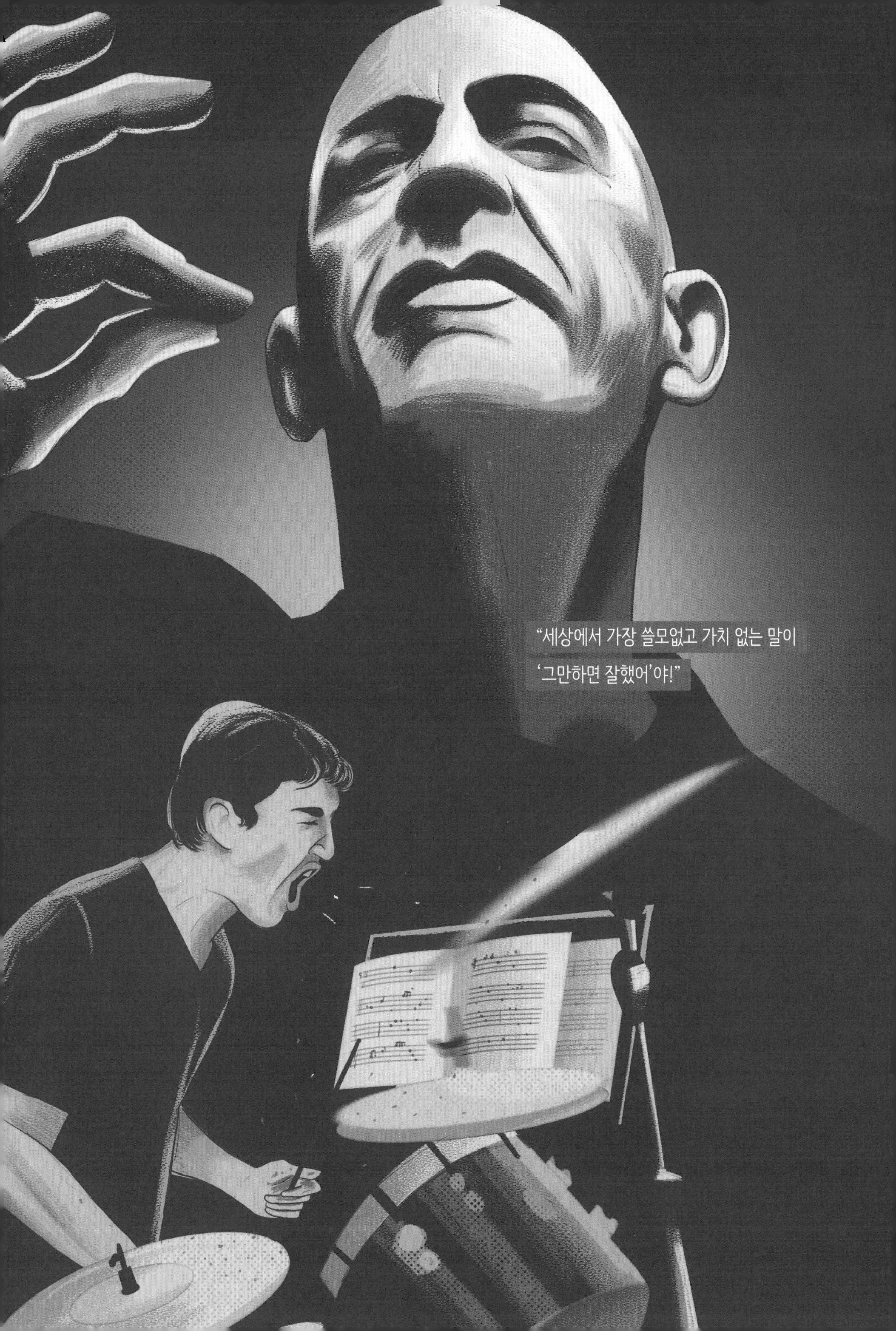
"세상에서 가장 쓸모없고 가치 없는 말이
'그만하면 잘했어'야!"

질병과 죽음

레스트리스

★ ★ ★

감독 **구스 반 산트** 배우 **미아 바시코브스카, 헨리 호퍼, 카세 료**
12세 관람가, 2011, 미국

"너의 크래커 집이 마음에 들어." 애나벨이 에녹에게 처음으로 건네는 말이다. 장례식이 끝나고 이어진 손님맞이 자리에서 우리의 주인공은 소심하게 접시에 크래커를 쌓아 올리며 어설픈 건축물을 만들고 있다. 이곳은 아는 사람이 아무도 없음에도 불구하고 에녹이 숨어들어온 행사 중 하나이다. 애나벨은 금세 그 사실을 눈치 챘다. 그녀는 그의 옷차림이 들통나게 만들었다고 말한다. "요즘 사람들은 장례식에 칙칙하게 입지 않아." "난 밝은 색 옷이 하나도 없어." 그는 풀이 죽어 대답한다.

하지만 죽어가고 있는 사람은 그가 아니다. 뇌 암 말기로 살날이 얼마 남지 않은 애나벨이다. 에녹은 부모님을 앗아간 교통사고로 인해 3개월간 혼수상태였다가 깨어난, '멈춰버린 청년'이다. 죽음의 대한 생각과 애도에 사로잡혀 있으며 그의 가장 친한 친구는 제2차 세계대전 일본 가미카제 출신의 유령, 히로시이다.

이처럼 위태로운 상황에 처한 두 존재가 만나 사랑이 피어날 것이다. 이미 파멸로 향하고 있지만 함께 보내는 순간마다 생명이 넘쳐흐르는 그런 사랑 말이다. 그리고 결국에는 '추억의 아름다움'이라는 귀중한 선물을 우리에게 남겨줄 것이다.

반 산트는 블랙 코미디 요소를 영화에 접목시키지만 상식의 한계를 결코 넘지 않는다. 감독으로서 그의 솜씨는 섬세하고 시적이며 예측할 수 없다. 그가 표현하는 이야기와 감정들은 늘 사실극과 기묘한 판타지 사이에서 균형을 이루며 우리에게 매우 현실적으로 다가온다.

이 영화의 관람포인트

1. 구스 반 산트 감독은 다른 사람들이 해내지 못하는 방법과 섬세함으로 아이들이 어른으로 넘어가는 중요한 시기를 어떻게 겪는지 잘 보여준다.
2. 이 영화는 죽음이 가져오는 영원한 소실에 대한 대항책으로 기억의 가치를 확장시킨다. 결국 영원한 사랑은 그것을 살아낸 사람의 기억 속에 새겨진 사랑이다.
3. 가벼운 어조와 절제된 태도로 우리 자신, 그리고 우리가 사랑하는 사람들의 죽음과 공생하는 법을 가르쳐준다.

영화로운 비하인드

★ 시나리오 작가 제이슨 루는 대학생 시절 연극 대본 형태로 이 이야기를 썼다.

★ 이야기 속에는 오류가 있다. 영화에서 히로시는 1941년에 가미카제 조종사로 활동했다고 말하는데 일본의 가미카제 전술은 실제로 1944년 말에서야 시작되었다.

★ 영화 의상 디자이너는 일본 제복 전문가들과 협력하며 유령 제복을 만드는 데 특히 신경을 썼다고 한다.

마이티

★ ★ ★

감독 **피터 첼솜** 배우 **키에란 컬킨, 샤론 스톤, 제임스 갠돌피니**
전체 관람가, 1998, 미국

"열두 살에 고질라 같은 꼴을 하고 있으면 다들 쳐다보고 놀림거리가 되지." 우리가 화면으로 처음 보게 되는 건 맥스의 뒷모습이다. 헤드폰을 쓰고 학교 복도를 지나가는데 덩치가 거인처럼 정말 거대하다. 그리고 이건 큰 문제다. 그가 지나가면 놀라서 옆으로 비키는 사람이 있고 입을 다물지 못한 채 쳐다보는 이가 있고, 말을 가려 하지 않고 함부로 놀려대는 이도 있다. 그리고 이런 일은 학교에서뿐 아니라 '길 잃은 무리'와 종종 마주칠 때에 밖에서도 일어난다. 그들은 집요한 불량소년 무리로, 못된 장난과 협박을 일삼는 얄미운 블레이드가 대장이다. 맥스의 삶은 동화와는 거리가 멀다. 새로운 이웃이 옆집에 이사를 오기 전까지는 말이다. 꼽추라 불리는 케빈은 비상한 두뇌를 가졌지만 치료가 힘든 유전병을 앓고 있는 소년이다.

영화는 왕따, 패배자로 여겨지는 너무나 다른 두 소년이 만나 머리와 몸을 합쳐 함께 '힘 있는 자'로 거듭나는 작고 위대한 기적을 들려준다. '프랑켄슈타인과 노틀담의 꼽추'라는 별명을 얻은 둘은 케빈의 영웅인 아서왕의 정신을 물려받아 원탁의 기사들처럼 약자에게 따뜻하고 악인에게는 맹렬할 것이다. 그러나 사랑받는 동화들이 늘 그렇듯 험난한 역경이 도사리고 있다. 케빈의 질병으로 죽음의 위험이 눈앞에 닥치고 폭력적인 맥스의 아버지로 인한 고난이 숨어 기다린다.

이 영화의 관람포인트

1 보이는 것이 전부가 아니며 지혜와 공감이 세상에서 가장 강력한 무기임을 증명한다.
2 죽음, 가정 폭력 그리고 질병처럼 고통스러운 주제들을 솔직하게 표현한다.
3 울고 웃게 만드는 깊이 있는 이야기와 가벼운 어조의 균형이 조화롭다.

영화로운 비하인드

★ 이 영화는 청소년 영화제로 이탈리아에서 가장 유명하고 세계적으로도 인정받는 지포니 국제영화제에서 수상했다.

★ 각본은 로드먼 필브릭의 아름다운 동명 원작 소설을 기반으로 탄생했다.

★ 첫 번째 영화 대본은 원작 소설 작가가 직접 썼는데 제작자들이 보기에는 책과 너무 비슷해서 각색 작업은 다른 각본가에게 맡겨졌다.

안녕, 헤이즐

★ ★ ★

감독 **조쉬 분** 배우 **쉐일린 우들리, 안셀 엘고트, 로라 던**

12세 관람가, 2014, 미국

헤이즐은 차에 앉아 있다. 눈에 눈물이 그렁그렁 고여 있다. 숨 쉬는 것조차 힘들 정도로 퍼진 암 때문에 코에 호흡기를 꽂고 있다. 손에는 구겨진 종이를 쥐고 있다. 암환자 자조 모임에서 알게 된 거스가 사랑을 고백하는 내용의 마음 아프고 닭살 돋는 편지이다.

> 헤이즐이 아팠을 때 나는 내가 죽을 것이라는 사실을 이미 알고 있었지만 말하고 싶지 않았다. 그녀는 집중 치료 중이었고 나는 도둑고양이처럼 숨어 들어가 누군가 나를 발견하기 전 10분 동안 그녀 옆에 있었다. 그녀는 눈을 감고 있었고 창백했다. 하지만 손은 원래 그녀의 손처럼 아직 따뜻했다. 나는 애써 우리가 없는 세상을 상상해봤다. 얼마나 쓸모없는 세상일까? 나는 그녀를 사랑한다, 내가 그녀를 얼마나 사랑하는지 하늘만이 알 것이다…. 이 세상에서 고통은 피할 수 없지만 누구를 위해서 고난을 받을지는 선택할 수 있다. 그리고 나는 나의 선택이 썩 마음에 든다. 그리고 헤이즐도 자신의 선택이 그러기를 바란다.

〈안녕 헤이즐〉은 십대들 뿐 아니라 수많은 사람들을 눈물 쏟게 만든 영화이다. 정직하게, 고통을 일부러 축소시키지 않고, 질병에 대한 이야기보단 운명이 정해진 두 주인공의 마법 같은 만남에 초점을 맞춘다. 관객들에게 헤이즐의 관점을 빌려 희망이나 위안이 되는 해피엔딩 같은 상투적인 것들로 꾸미지 않은 진실만을 매우 투명하고 용감하게 보여준다. 때론 인생이 정말 팍팍하다. 그러나 방에 틀어박히는 대신 삶이 우리에게 남겨둔 선물 같은 행복을 찾으려는 시도가 얼마나 가치 있는 일인지 이야기한다.

이 영화의 관람포인트

1. 암에 관한 이야기가 아니라 삶의 모든 순간을 예찬하는 영화이다. 영화의 원작소설 작가 존 그린은 "마음을 일으켜 세우고 짧은 인생도 아름답고 풍성할 수 있다는 생각을 전달한다."고 말했다.
2. 두 주인공의 카리스마, 깊이, 아이러니와 '진실성'이 여실히 드러난다. 헤이즐과 거스는 영 어덜트 영화계에서 가장 성공한 캐릭터들이다.
3. 아이러니가 비극을 들여다보는 훌륭한 렌즈라는 것을 알려준다.

영화로운 비하인드

★ 존 그린은 〈해리 포터〉 시리즈에 관한 컨벤션에서 알게 된 한 소녀와의 만남에서 이 이야기의 영감을 얻었다고 한다.

★ 쉐일린 우들리는 영화의 주인공으로 발탁되자 어린이 암환자를 위해 자신의 머리카락을 잘라 기증했다.

★ 미술 감독은 안네 프랑크의 집 내부의 레플리카를 스튜디오에 재현했다. 암스테르담에 있는 실제 집 안에서는 촬영이 금지되었기 때문이다. '레플리카'는 어떤 환경이나 사물을 세부적인 요소까지 충실히 재건하는 것을 말한다.

"우울증은 암의 부작용이 아니에요,
죽음의 부작용이죠."

아이 킬 자이언츠

★ ★ ★

감독 안데르스 월터 배우 매디슨 울프, 이모겐 푸츠, 조 샐다나
12세 관람가, 2017, 미국

숲은 거대한 바람에 삐걱거리는 위협적인 장벽이다. 그럼에도 불구하고 바버라는 겁내지 않는다. 그녀는 무언가를 찾아서 무성한 초목 사이로 들어간다. 그리고 마침내 거대한 나무 아래 자라는 버섯을 발견한다. 휴대용 칼로 초록색 곰팡이를 조금 긁어내고 그렇게 얻어낸 가루를 붉은 액체가 담긴 플라스틱 통에 옮겨 담는다. 그리고 끝으로 곰돌이 젤리로 풍미를 더해 잘 섞어준다. 이 역한 주스는 거인들을 위한 미끼이다. 그렇다, 소녀는 그 거대한 생명체들이 존재한다고 믿는다. 엄마를 대신하는 언니, 비디오게임에 빠져 사는 오빠 그리고 그녀가 가족과 함께 거주하는 해안 마을까지 거인들이 곧 들이닥치리라 확신한다.

이상한 복장과 토끼 모자를 뽐내며 바버라는 그녀만이 느끼는 것 같은 위협을 쫓아내기 위해 자신의 '비밀 임무'를 수행한다. 영웅의 이런 저런 모험 가운데는 물론 일상도 자리하고 있다. 그중에는 얼마 전 이사를 와서 바버라를 괴롭히지만 곧 친구로 발전할 소녀가 있다. 또 그녀를 계속 상상의 세계로 도망가게 만드는 내면의 깊은 불안을 끄집어내기 위해 신뢰를 쌓으려고 노력하는 상담교사가 있다.

〈아이 킬 자이언츠〉는 실제 세계의 구성 요소와 판타지를 매력적인 하나의 덩어리로 혼합하여 실재와 가능성의 경계를 묘하게 없애버린다. 이런 방식으로 영화는 살아가기 힘든 현실에서 상상력이 어떻게 도피처가 될 수 있는지 보여준다.

이 영화의 관람포인트

1 이 영화처럼 우리가 가진 두려움들을 이해하고 잠시라도 고통으로부터 도망가도록 도와주는 상상의 힘을 제대로 표현한 작품이 많지 않다.

2 신비롭고 긴장감 넘치는 이야기로 마법과 실제 일상 사이에서 평형을 잘 유지하도록 도와준다.

3 전형적인 틀에서 벗어난 여주인공을 볼 수 있다. 그녀의 분노, 모든 사람과의 거리, 반감은 그녀를 굉장히 사실적인 인물로 만든다. 그리고 바로 이 점이 그녀의 매력이다.

영화로운 비하인드

★ 이 영화는 조 켈리와 J.M. 켄 니무라의 그래픽 노블을 기반으로 제작되었다.

★ 바버라가 여기저기 남기는 룬 문자는 고대 북유럽 문자로 영거 푸사르크(Younger Futhark)라고 불린다.

★ 〈아이 킬 자이언츠〉는 큰 제작사의 개입 없이 만들어져 시장논리에서 보다 자유로운 독립영화에 속한다.

"이 세계에 있는 모든 것은 죽을 거야.
그래서 더욱 싸우며 즐겁게 살아야 해.
끝을 두려워하지 말고 매 순간을 소중히 보내야 해."

비밀의 숲 테라비시아

★ ★ ★

감독 가버 추보 배우 조쉬 허처슨, 안나소피아 롭, 주이 디샤넬
전체 관람가, 2007, 미국

제시와 레슬리는 숲을 가로지르는 오솔길을 따라 행복하게 뛰어 다닌다. 그들을 괴롭히는 불량배들로부터 도망가기 위해서만은 아니다. 둘은 달리기에 대한 순수한 열정이 있다. 상상하는 일에 대해 그러하듯 말이다.

그런데 강둑 어느 지점에 이르자 그들은 멈출 수밖에 없다. 레슬리가 나무에서 내려온 커다란 밧줄을 발견했기 때문이다. "우리 둘만 아는 비밀 장소가 있다면 어떨지 생각해봐." 소녀는 상상하며 흥분한 눈빛으로 말한다. "그리고 그곳에 들어갈 유일한 방법은 마법의 밧줄을 붙잡는 거야." 제시는 어리둥절하고 잘 이해가 되지 않는다. 그녀는 나무 기둥 위로 올라간다."이것 좀 봐!" 레슬리는 낡은 밧줄을 타고 강 저편으로 뛰어든 채 반대편 수풀 사이로 사라지며 말한다. 제시는 그녀를 따라간다. 그들은 탐험을 시작하고 마침내 나무 위에 지어진 오두막을 발견한다. 레슬리는 심장이 터질 것만 같다. 그들이 찾고 있었던 곳이다. 그곳이 바로 그들이 왕과 왕비가 될 마법에 걸린 테라비시아 성이다.

제시와 레슬리는 환상의 보금자리에서 매일 오후를 보내기 시작하고 둘의 우정은 점점 굳건해진다. 테라비시아는 그들이 현실에서도 더욱 강하고 자신감 넘치는 사람이 되도록 만든다. 한편 엄청난 비극이 닥치며 그들이 만든 근사한 성은 파괴될 위기에 처한다.

가족 영화라는 귀여운 이야기 속에는 깊은 우정과 상실에 관한 이야기가 숨어 있다. 그곳에서 상상력은 유년기의 끝에서 어른으로 넘어가는, 민감하고도 불확실한 시기를 직면하게 해주는 열쇠가 된다. 잘 만들어진 동화의 사랑스러움과 꿈같은 풍미를 지닌 놀랍고 위대한 작품이다.

이 영화의 관람포인트

1 과도한 특수효과 없이도 근사한 판타지 세계를 그려낸다.
2 우정이 우리를 어떻게 더 강하게 만들어주는지를 보여준다.
3 현실로부터 도피하기 위한 수단이 아닌, 현실을 더 잘 살아내고 깊이 이해하기 위한 도구로 판타지를 제안한다.

영화로운 비하인드

★ '테라비시아'라는 이름은 C.S. 루이스의 소설 『나니아 연대기』에 등장하는 '테라빈시아'라는 섬에서 유래되었다.

★ 영화는 캐서린 패터슨의 동명 원작 소설을 기반으로 제작되었다. 레슬리 역의 안나소피아는 그 책을 너무 좋아해서 영화화된다는 소식을 듣자 감독에게 편지를 썼고 결국 주인공으로 발탁되었다.

★ 레슬리의 스탠드 더블은 남자아이였다. 스탠드 더블은 대역 배우와 스턴트맨 사이의 중간적 역할로, 위험한 장면에서 배우를 대신하는 사람이다.

"눈을 감고 마음의 눈을 열어봐."

7번째 내가 죽던 날

★ ★ ★

감독 라이 루소 영 배우 조이 도이치, 할스톤 세이지, 신시 우
15세 관람가, 2017, 미국

오전 6시 50분, 사만다는 침대에서 눈을 뜬다. 휴대전화에 '오늘은 즐거운 큐피드 데이'라는 화면을 확인한다. 소녀는 당혹스러워 얼굴을 찡그린다. "말도 안 돼." 표정은 이렇게 말하는 것 같다. 그녀는 이런 아침을 이미 겪었다. '오늘은 즐거운 큐피드 데이'라는 화면으로 휴대전화가 켜지는 장면이 매일 계속되는 것이다.

그리고 동생이 침대에 앉아 자신이 언니에게 주려고 만든 종이 새가 마음에 드는지 묻는 일도 이미 본 장면이다. 그리고 제일 친한 친구 린제이는 함께 등교하기 위해 그녀를 데리러 온다. 대화와 손짓까지 포함해서 모든 날들이 똑같이 반복된다.

사만다는 아직 모르고 있지만 그녀는 타임루프에 갇혀버렸다. 그래서 죽는 날까지 같은 하루를 반복해서 살아야 한다. 되풀이 되는 삶을 사는 사람은 그녀뿐이다. 자신의 완벽한 남자친구도, 가장 친한 친구 둘도, 사랑스런 가족까지 전혀 눈치 채지 못한다. 이 악몽에서 빠져나오려면 무엇을 바꿔야 하는지, 어떤 태도를 고쳐야 하는지, 어떤 행동과 반응을 더 해야 하는지 그리고 특히 남은 시간을 누구에게 쏟아야 하는지를 알아내야만 한다.

〈7번째 내가 죽던 날〉은 하이틴 영화에 있는 모든 진부한 수식어들을 가지고 가면서 자신이 타깃으로 하는 관객들과 소통할 줄 아는 탁월한 능력을 갖고 있다. 침울하고 서글픈 미국 지방 도시를 배경으로, 이 '영원한 현재'라는 줄거리는 냉담한 어조부터 부드럽게 쏟아 내리는 빛까지 적절한 분위기로 정성스럽게 짜여졌다.

이 영화의 관람포인트

1. 범죄에 가담하지 않은 단순한 목격자였을지라도 유죄일 수 있다는 사실을 분명하게 보여준다.
2. 학교 곳곳에 만연한 크고 작은 집단 따돌림 행위의 위험성을 강조한다.
3. 1분 1초마다 점점 커지는 긴장감이 환상적인 결말에 이르기까지 스릴러와 하이틴 드라마를 적절히 혼합한다.

영화로운 비하인드

★ 여주인공은 매일 나비효과를 상징하는 나비 포스터 옆에서 눈을 뜬다. 나비효과는 작은 행동이 커다란 변화를 만들어 내는 데 기여할 수 있다는 의미이다.

★ 타임루프에 갇힌 주인공을 연기하는 조이 도이치는 우연찮게 그러나 아이러니하게도 같은 주제를 다루는 영화 〈백 투 더 퓨쳐〉로 유명한 리 톰슨의 딸이다.

★ 이 영화에서는 종종 뎁스 오브 필드(피사계 심도)를 줄여서 촬영했다. 뎁스 오브 필드란 프레임 속의 피사체가 선명하고 초점이 맞는 면적을 뜻한다.

나와 친구, 그리고 죽어가는 소녀

★ ★ ★

감독 **알폰소 고메즈-레존** 배우 **토마스 만, R.J. 사일러, 올리비아 쿡**

15세 관람가, 2015, 미국

그렉은 자기 방 컴퓨터 앞에 앉아 있다. "내가 무슨 일을 하고 있는지 도무지 모르겠다." 그는 써내려간다. 관객에게 이 이야기를 어디서부터 어떻게 들려줘야 하는지 모르겠다며 솔직하게 털어놓는 것이다. 모험 같은 알 수 없는 서막을 상상해보지만 소용없다. 그는 포기하고 본론으로 들어간다. "그래. 시작해보자. 이것은 나의 마지막 고등학교 생활에 대한 보고서이며 그 생활이 나를 어떻게 망가뜨렸는지에 대한 이야기이다. 그리고 문자 그대로 사람을 죽일 만큼 얼마나 악몽 같은 시간을 보냈는지에 대한 보고서이기도 하다."

영화는 처음부터 끝까지 그렉의 관점에서 전개된다. 그는 어떤 종류의 인간관계도 거부하는 고등학생이고 친구는 얼 한 명 뿐이다. 초등학교 시절부터 알고 지낸 둘은 고전 영화를 패러디 하며 논다. 그렉의 인생은 마치 무(無)를 향한 가도를 계속 걷는 것 같다. 그러다 어느 날 엄마는 그렉을 얼마 전 백혈병 진단을 받은 학급 친구이자 이웃인 레이첼의 삶 속으로 밀어 넣는다. 그렇게 해서 비극적이고도 아름다운 1년이 시작된다.

〈나와 친구, 그리고 죽어가는 소녀〉는 죽음의 위협이 이야기 내내 맴도는데도 정말 멋지고 재미있는 영화이다. 감상적이지 않으면서도 깊은 감동을 주고 부적절하게 웃기지 않고 유쾌하며 과하지 않게 엉뚱하다. 놓치면 후회할 작품이다.

이 영화의 관람포인트

1. 가볍고 반어적인 어조로 어떻게 죽음과 질병에 대해 이야기할 수 있는지를 보여준다.
2. 영화에서는 보기 드물게 예리하고 톡톡 튀는 화자의 목소리를 만날 수 있다.
3. 영화를 보며 웃고 울면서 영화가 끝날 즈음엔 감정과 생각이 더 풍요로워진 것을 느낄 수 있을 것이다.

영화로운 비하인드

★ 이 이야기는 영화의 각본가이기도 한 제시 앤드루스의 동명 원작을 기반으로 만들어졌다.

★ 주연 배우 토마스 만은 그렉과 얼이 패러디하는 영화 〈베니스에서의 죽음〉의 작가와 이름이 같다.

★ 감독은 장면이나 상황을 전환할 때 종종 카메라를 좌우로 매우 빠르게 움직이면서 전경(파노라마)을 촬영하는 방법을 활용했다.

몬스터 콜

★ ★ ★

감독 **후안 안토니오 바요나** 배우 **루이스 맥더겔, 시고니 위버, 펠리시티 존스**

12세 관람가, 2016, 스페인, 미국

"이 이야기가 어떻게 시작되더라?" 열두 살 소년 코너는 숨이 턱 막히도록 무시무시한 악몽에서 깨어나면서 스스로 되묻는다. 시계는 밤 12시 7분을 가리킨다.

"다른 많은 이야기들처럼 시작되지." 동굴 같은 목소리로 누군가 대답한다. "소년이기에는 너무 크고 남자라기에는 아직 너무 어린 친구가 등장하면서…" 코너는 침대에서 일어나 창밖을 바라본다. 교회와 커다란 나무가 보인다. 주목나무이다. "…그리고 악몽으로." 깊은 목소리는 말을 맺는다.

코너는 깨어 있는 동안 매일 같이 악몽을 경험한다. 어머니는 암으로 죽어가고 있으며 아버지는 바다 건너에 새로운 가정을 꾸렸다. 자신을 돌봐주는 할머니는 냉정하고 엄하며 학교에서는 불량배들에게 괴롭힘을 당한다. 그러던 어느 날 정확히 밤 12시에서 7분이 지난 시점에 천둥처럼 울리는 괴물의 목소리를 듣는다. "널 데리러 왔어, 코너."

말을 하는 이는 창문 밖으로 바라봤던 거대한 주목나무로 지금은 나무껍질과 뿌리로 된 거인 같아 보였다. 그는 소년에게 앞으로 네 번 더 찾아올 것이라고 말한다. 그리고 찾아올 때마다 이야기를 한 편씩 들려줄 것이다. 마지막 만남은 코너가 자신의 악몽에 대해 이야기할 차례이다. 괴물은 엄마를 구하거나 학교 불량배들을 벌하기 위해 온 것이 아니다. 코너의 내면에서 끓어오르는 마음의 동요를 치유하기 위해 그곳에 왔다.

현실적인 이야기와 특수효과, 짐 케이의 눈부신 수채화와 잉크화가 만나 상실이란 주제를 둘러싼 결코 염세적이지 않은 잔혹동화를 우리에게 안겨준다. 영화계가 만들어낸 순수한 보석 같은 작품이다.

이 영화의 관람포인트

1 아이들의 마음 속에 가장 깊이 뿌리내린, 자신의 부모를 잃을 것에 대한 두려움을 실감나게 그리는 작품이다. 현실적인 공포를 판타지 이야기로 변형시켜 보여준다.

2 이야기가 지닌 치유의 힘을 효과적으로 드러낸다.

3 감정을 스스로 감당할 수 없을 때 자신의 공격적인 면을 비난하지 않는 편이 낫다는 것을 상기시킨다.

영화로운 비하인드

★ 이미 현대의 고전이 된 이 이야기의 원작 소설은 오래전 세상을 떠난 시본 도우드가 발상하고 시작하여 패트릭 네스가 완성했다.

★ 주목나무는 독성 식물이지만 그 활성 성분은 일부 화학요법 약물에 사용되기도 한다.

★ 컴퓨터 그래픽 인물이 등장하는 영화에서는 대역 배우(스탠드인, stand-in)를 활용하여 다른 배우들의 연기가 더 실감나 보이도록 한다. 〈스파이더맨〉으로 유명한 차세대 스타 톰 홀랜드는 나무의 대역 배우를 담당했다.

“인생에서 절대라는 말은 절대로 하는 게 아냐.
시도해볼 수 있는 건 언제나 있기 마련이니까.”

원더

★ ★ ★

감독 스티븐 크보스키 배우 제이콥 트렘블레이, 줄리아 로버츠, 오웬 윌슨
전체 관람가, 2017, 미국

우주비행사 헬멧을 쓴 꼬마 어기는 방문 앞에서 부모님의 대화를 엿듣고 있다. "내가 평생 선생님이 되어줄 수는 없어요, 여보." 빨래를 개며 엄마가 말했다. "어기는 지금 중학교 1학년에 들어가는 거잖아요. 모든 아이들에게 첫 해일 거예요. 우리 아들 혼자만 신입생이 아니잖아요." 아빠는 흥분해서 반론했다. "당연하지, 하지만 그런 얼굴을 한 유일한 신입생일 거야. 이건 마치 도살장에 어린양을 데리고 가는 꼴이라고." 들을 만큼 들었다고 생각한 어기는 무거운 마음을 안고 우주처럼 꾸며진 자신의 방으로 돌아갔다. "나도 평범한 아이가 될 수 없다는 사실은 잘 알고 있다고. 평범한 아이들은 놀이터에서 다른 친구들을 도망가게 만들지 않으니까."

어기는 선천성 안면 기형으로 태어났고 그의 부모는 사람들의 시선으로부터 어기를 보호하기 위해 지금껏 학교에 보내지 않았다. 하지만 이제 그는 바깥 세계를 마주해야 한다. 사랑 넘치는 엄마, 아빠와 언제나 그를 도울 준비가 된 누나가 어기의 방패가 되어 줄 것이다. 힘든 한 해가 되겠지만 어기는 놀림과 난처한 상황들에 용감하고 품위 있게 맞설 것이다. 또한 어딜 가든 존재하는 불량배들 외에도 자신을 환영해주는 친구들을 만나게 될 것이다.

폭발적인 행복감과 쓰라린 실망감, 낙담의 순간과 흥겨운 순간을 거치며 이 특별한 여행은 어기를 내면이 튼튼하게 성장하는 길로 안내할 것이다. 아주 감동적인 결말을 맺으면서 말이다.

크보스키 감독은 등장인물들의 삶을 각기 조명함으로써 영화의 흐름을 방해하지 않는 감정이입 장치를 만들어 다소 감상적인 이야기를 진정성 있고 감동적인 작품으로 완성했다.

이 영화의 관람포인트

1. 말이나 눈빛으로 누군가에게 상처를 주는 일은 실제로 후유증을 초래하는 행동으로 결코 가볍게 생각하면 안 됨을 보여준다.
2. 사람을 겉모습으로 판단해서는 안 된다고 강하고 분명하게 말한다.
3. 다름을 받아들이는 법과 자신이 스스로 어둠 속에 있다고 느낄 때 사랑, 우정, 친절의 힘을 다시 한 번 생각해볼 수 있게 만든다.

영화로운 비하인드

★ 영화의 원작 소설 작가 R.J. 팔라시오는 직접 경험한 사건에서 영감을 얻었다. 아이스크림 가게에서 안면 기형인 소녀를 본 자신의 3살 아들이 울음을 터뜨린 것이었다.

★ 어기의 얼굴을 만드는 데에는 수모 같이 생긴 귀가 달린 모자와 가면, 가발로 구성된 특수 분장이 사용되었다.

★ 특수 분장이란 배우의 머리로 본을 떠서 제작된 가면을 말하며 특수한 효과를 얻고자 할 때 사용된다.

STAR WARS
“애들이 쳐다보면 쳐다보라고 해.
돋보이게 태어나면 섞이기 힘든 거야.”

학교생활

조찬 클럽

★ ★ ★

감독 존 휴즈 배우 쥬드 넬슨, 에밀리오 에스테베즈, 몰리 링월드
15세 관람가, 1985, 미국

1984년 3월 24일 토요일 일리노이의 셔머 고등학교. 금요일까지 수업을 하고 학교가 쉬는 날이다. 그렇기 때문에 복도는 텅 비었고 급식실은 조용하며 교실에는 아무도 없다. 한 곳만 빼고 말이다. 교장 선생님의 지시에 따라 도서관에는 다섯 명의 친구들이 앉아 있다.

비상한 머리의 브라이언, 운동선수 앤디, 부적응학생 클레어, 공주님 앨리슨, 그리고 불량배 존까지 그들 각자는 고등학교에서 찾아볼 수 있는 흔하고 전형적인 학생들이다. 그리고 모두 해야 할 숙제가 있다. '나는 누구인가?'라는 주제로 천 단어 이상의 에세이를 써야 한다. 이것이 이야기의 서문이고 그 전개는 단순한 만큼이나 격렬하다. 아이들은 처음에 서로 놀리고 장난치다가 크고 작은 갈등이 터지면서 서로에게 마음을 열고 자신의 이야기를 하기 시작한다. 결국 자신의 내면 깊은 곳에 이르게 된다. 곧 그들에게 붙여진 꼬리표는 사실이 아니었음이 드러난다. 그것은 아이들이 사춘기를 보내는 동안 내면의 깨지기 쉽고 불편한 진실을 숨기기 위해 쓰는 가면일 뿐이다.

촘촘하고 날카롭게 짜인 대사 덕분에 이 영화는 인간의 밑바닥에 깔린 두려움, 이를테면 내 말을 들어주고 이해해주는 사람이 없는 점, 있는 그대로 사랑받지 못하는 것 등을 수면 위로 들어 올리는 집단 치료 시간을 보는 느낌이다. 종종 그들의 불안은 혼란스러운 가정에서 비롯되었고 그들의 어깨는 피폐한 가정환경을 짊어지고 있다. 그나마 가장 양호한 경우라 하더라도 자녀들의 목소리에 신경 쓰지 않는 무심한 부모가 있다.

이 영화의 관람포인트

1. 모두가 똑같은 방식으로 사고하고, 같은 취향과 의견을 갖게 되는 획일주의와 극단적인 경쟁의 위험성을 보여준다.
2. 넷플릭스 시리즈 〈아이 엠 낫 오케이〉처럼 오늘날 우리가 접하는 수많은 영화와 시리즈물에 영감이 된 작품이다. 이처럼 과거를 알면 현재를 더 잘 이해할 수 있다.
3. 사람들이 우리에게 붙인 꼬리표를 떼어버리는 것이 얼마나 어려운지를 생각해볼 수 있고 어떻게 보이는지보다 중요한 것은 자신이 어떤 사람인지 기억하는 것이란 사실을 알게 해준다.

영화로운 비하인드

★ 불량배 존이 교장 선생님을 향해 던진 대사 "eat my shorts!"는 훗날 〈심슨네 가족들〉의 바트 심슨이 사용할 트레이드 마크가 될 것이다. 이는 한국어로 번역하면 '빌어먹을!'이란 뜻이다.

★ 존 휴즈는 단 이틀만에 이 영화 대본을 완성했다.

★ 이 영화는 문자 그대로 해석하면 악동 무리라는 뜻의 'brat pack'의 가장 대표적인 예이다. 이는 1980년대에 사춘기 이야기로 정말 유명해진 배우와 작가 무리를 말한다.

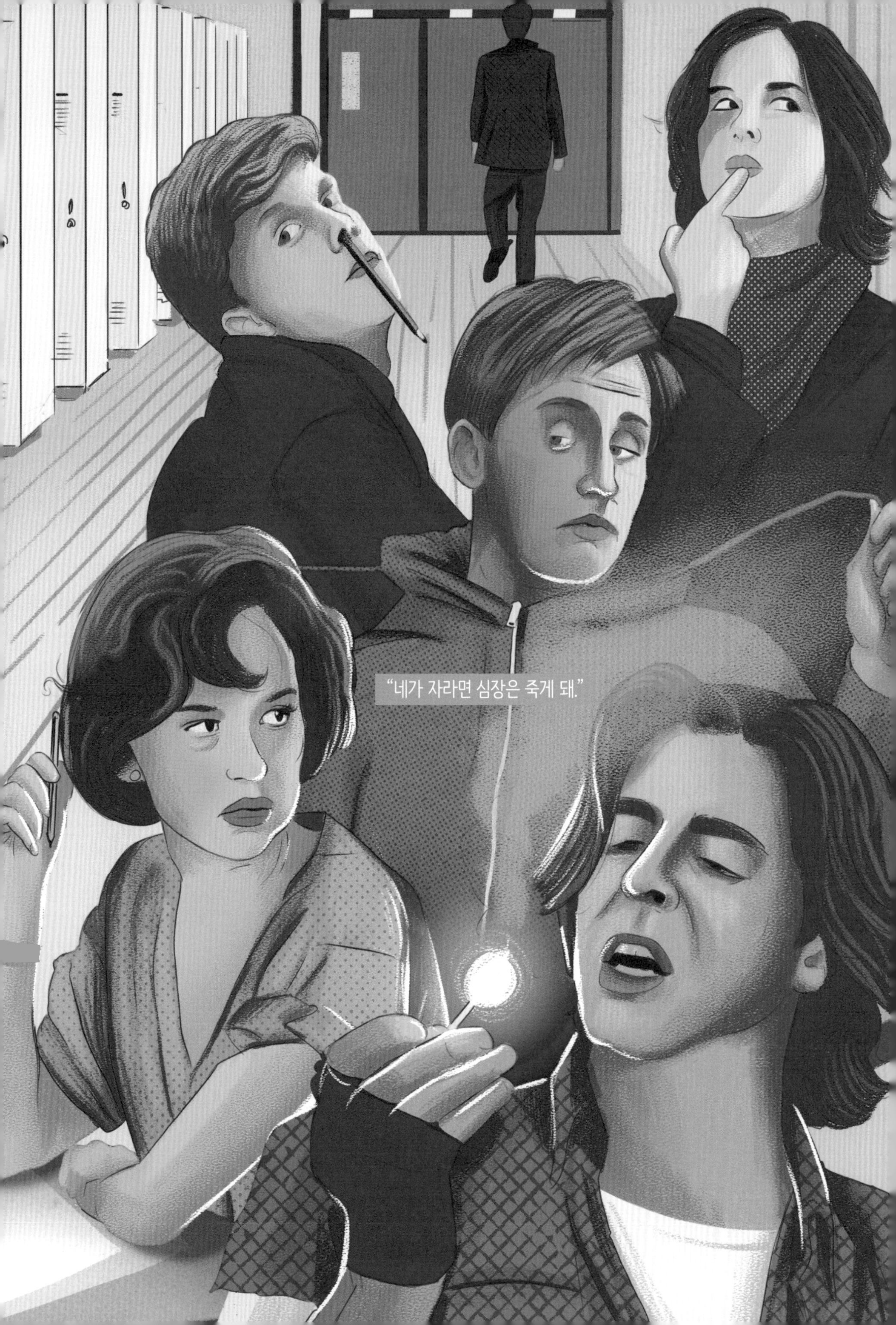
"네가 자라면 심장은 죽게 돼."

카테리나 인 더 빅 시티

★ ★ ★

감독 **파올로 비르지** 배우 **세르지오 카스텔리토, 마르게리타 부이, 알리체 테길**
국내 관람등급 미분류, 2003, 이탈리아

회계학 교수 지안카를로 이아코보니는 강의실 안, 산만하고 지루해하는 학생들 앞에 서 있다. 그는 무덤덤한 어조로 로마에 전근을 가게 되었다고 말한다. 작별 인사를 하려는 것 같아 보인다. "이곳에서 함께 보낸 모든 시간들은, 여기서 보낸 모든 날들은…" 의미심장하게 뜸을 들인다. "…내 인생에서 가장 무익하고 암담한 시간들이었다." 마치 그가 바람에 대고 말한 듯 종이 울리자 학생들은 무심하게 강의실 밖으로 쏟아져 나간다.

이아코보니는 명예에 굶주린 사람이다. 그래서 수도로 가기 위해 이곳 몬탈토 디 카스트로를 떠날 시간만 기다린다. 아내와 딸 카테리나 걱정은 안중에도 없다. 열세 살의 아름답고 순수한 카테리나는 그녀를 집어삼킬 것만 같은 현실과 혼자 맞서야 할 것이다. 왜냐하면 아버지는 성공한 작가가 되기 위해 자신에게 도움을 줄 상류층과 인맥을 쌓도록 그녀를 로마 최고 명문 학교에 등록시켰기 때문이다.

피상적인 친구 관계에 이리 저리 치이고 두 파로 나뉘어 치열하게 싸우는 학교에서 그녀는 혼란하고 피곤하다. 맥락이나 유행에 늘 뒤처지지만 항상 친절하고 천진한 카테리나는 자신이 상상하는 것보다 더 강한 사람임을 발견하게 된다.

사춘기는 사랑스럽게, 어른들의 세계는 씁쓸하게 그린 재미있고 유쾌한 영화다. 여기서 어른들은 편협하거나 고약해서 확실히 따라 할 좋은 모델이 못 되기 때문이다.

이 영화의 관람포인트

1 친절의 가치와 힘에 대해 생각해볼 수 있는 계기를 제공한다.

2 학교라는 세계의 매우 현실적이고 재밌는 단면을 보여주는 작품이다.

3 그저 아는 사람과 진짜 친구 사이의 차이를 이해하도록 도와준다.

파올로 비르지 감독이 들려주는 이야기

카테리나와 그녀를 계속해서 괴롭히는 것에 대해 이야기하다 보니 내가 부적절성에 대한 영화를 또 한 번 만든 것 같다. 특권을 누리는 누군가에 비해 변두리 출신의 주인공이 체험하는 부적절성 말이다. 가슴을 찌르는 소외감에도 불구하고 우리의 영웅인 주인공은 그럭저럭 잘 해내며 자신감을 가지고 미래를 바라본다. 반면 가장 불행하고 불쌍한 사람은 특권을 가진 사람, 부자, 버릇없는 사람이다. 사실상 카테리나는 자신만의 비밀 자원을 보유한 듯 보이는데 이는 겉으로는 촌스럽고 약해 보일지라도 그녀를 누구보다 강한 사람으로 만들어 준다.

나에게 유일한

★ ★ ★

감독 가브리엘 무치노 배우 실비오 무치노, 안나 갈리에나, 줄리아 스테이제르발트
15세 관람가, 1999, 이탈리아

고등학교 교문 밖에서는 고함소리가 들려오며 혼란스러운 상황이다. 학생들이 점거하려는 곳은 그야말로 흥분의 도가니가 되었다. 이 이야기의 주인공인 열여섯 살 실비오에게 한 남자아이가 다가가 소리친다. "이게 우리의 혁명이야." 잠시 후 학생들은 통로를 만들어 안으로 들어간다. 이리저리 어수선하게 뛰어 다니며 장벽을 파괴하고 구호를 외친다. 놀란 교사들 사이로 복도를 지나다닌다. 실비오는 잠시 동안 길을 잃은 듯 주위를 둘러보며 친구 중 한 명에게 묻는다. "근데 우리가 왜 학교를 점령하고 있지?"

살아 있다고 느끼고 싶은 욕구이자 스스로 혁명적인 사람이고 싶은 욕망이다. 그러나 실비오에게 정말 중요한 건 발렌티나와 함께 있는 것이다. 자신의 가장 친한 친구의 여자친구인 그녀는 실비오에겐 그저 금지된 꿈이다. 하지만 학교 문서보관실에서 예상치 못한 일이 벌어진다. 둘만 남게 되자 그들이 키스한 것이다. 혼란과 당혹감, 죄책감이 교차한다. 곧 비밀로 남아야 했던 일이 입에서 입으로 옮겨져 온 학교에 퍼져버린다. 그리고 이것은 이후 3일간의 학교 점거를 장식할 연쇄적 사건들의 도화선이다. 실비오가 새로운 감정을 배우게 될 날들이다.

〈나에게 유일한〉은 의식적, 무의식적인 우리의 모든 선택을 좌우하는 사랑을 그린 작품이다. 충동적이며 폭발할 것만 같은 감정, 과도함의 계절인 사춘기의 아름다움을 영화에 고스란히 담아낸다. 꿈과 두려움이 피어오르며, 첫 실연들이 분노를 일으키고, 자유와 반항에 대한 욕망이 가족과 충돌하며 불꽃이 튀는 지대로써의 학교를 신선하고 꾸밈없이 표현한다.

이 영화의 관람포인트

1. 단테 알리기에리가 "천상에 있는 태양과 모든 별들을 움직이는 사랑"이라 표현한 구절이 얼마나 옳은 말인지 이해할 수 있다.
2. 잔소리처럼 들리지 않게 성에 대해 이야기할 수 있는 작품이다.
3. 대사와 구성 등 모든 요소가 실제 삶의 단면을 보는 것처럼 사실적이고 진솔하다.

실비오 무치노가 들려주는 이야기

각본이 완성될 때까지 주인공이 정해지지 않았다. 나는 한 번도 연기를 해본 적이 없었고 수줍음이 많았다. 그런 탓에 가브리엘은 나에게 주인공을 맡기는 것을 걱정했다. 첫 주연 후보는 니콜로 센니였다. 그런데 그해에 영화 〈슈팅 더 문〉을 찍은 지 얼마 되지 않았고 학교 출석 문제로 거절했다. 그렇게 캐스팅이 시작되고 나는 주인공의 대사를 보조해주며 촬영 카메라에 익숙해졌다. 어느새 나도 모르게 주인공을 자연스럽게 연기하자 가브리엘은 내게 배역을 맡겼다.

이 영화는 사춘기의 실질적 감정들과 전 세대가 공유하는 그 시절의 보편적인 측면들을 포착하려고 노력했다.

이지 A

★ ★ ★

감독 **윌 글럭** 배우 **엠마 스톤, 앨리슨 미칼카, 아만다 바인즈**

12세 관람가, 2010, 미국

올리브는 지난 주말을 집에만 갇혀 보냈다. 가장 짜릿했던 순간은 반려견 손톱에 매니큐어를 바르던 때였다. 하지만 그녀의 친구 리는 그 사실을 모르고 있다. 어떤 남자와 낭만적인 데이트 약속이 있어 함께 캠핑을 갈 수 없다고 거짓말했기 때문이다. 다음날 아침 학교에서 리는 사실을 털어놓게끔 올리브를 화장실로 끌고 간다. 그리고 올리브는 울음을 터뜨리며 감정을 토로하듯 소리친다. "그래 알았어, 우리 잤어!" 리도 흥분해서 그녀를 꽉 껴안는다. 자세히 이야기해보라고 한다. 그때부터 올리브는 상상의 나래를 펼치며 친구의 호기심을 충족시킨다. 그 순간 화장실 칸 중 하나에서 다른 학생이 나와 비난 가득한 시선으로 올리브와 리를 빤히 바라보면서 손을 씻으러 간다. 그녀는 바로 독실한 매리앤으로, 지체하지 않고 온 학교에 방금 들은 대화를 퍼뜨릴 것이다. 올리브는 처음엔 자신에게 쏟아지는 관심이 썩 마음에 든다. 이제 더 이상 주말마다 심심해하는 소심하고 투명한 인간이 아니다. 거침없고 성적으로 자유분방한 여자가 된 것이다. 하지만 이는 얼마 가지 못한다. 올리브는 자신의 유명세가 곧 나쁜 평판으로 변하는 현상을 발견하고 전교생의 비방거리와 증오의 대상이 되었음을 깨닫게 된다.

〈이지 A〉는 톡톡 튀는 대사로 '네 인생의 어떤 일들은 다른 누구도 아닌 너만의 개인사로 남아야 하며 스스로를 귀하게 여길 때까지 자신을 너무 몰아붙이지 말라'는 강한 신념을 효과적으로 전달하는 따뜻한 영화다.

이 영화의 관람포인트

1 '작고 별 뜻 없어 보이는' 거짓말도 눈덩이처럼 불어나면 되돌리기 힘들다는 것을 보여준다.

2 자신의 실제 모습과 다르게 보이고픈 욕심의 위험성과 자신을 있는 그대로 받아들이는 태도의 중요성에 대해 돌아보게 만든다.

3 여기서 할리우드 젊은 유망주로 떠오르던 시절 엠마 스톤의 연기를 볼 수 있다. 스크린을 뚫고 나오는 카리스마와 탁월함이 이 작품에서 이미 느껴진다.

영화로운 비하인드

★ 웹캠으로 촬영된 모든 장면들은 총 14시간 만에 완성되었다. 계속 앉아 있어야 했기 때문에 엠마 스톤은 휴식 시간에 일어나서 스트레칭을 했다고 한다.

★ 올리브가 보러 가는 외국 영화는 〈Der scharlachrote Buchstabe〉로 〈주홍글씨〉의 독일 제목이다. 이건 우연이 아니다. 〈이지 A〉는 나다니엘 호손 고전의 현대판이라 정의할 수 있기 때문이다.

★ 이 영화의 각본은 가장 사랑받는, 하지만 아직 제작되지 않은 각본 목록인 명예로운 '2008 블랙리스트'에 올랐다. 여기에는 〈슬럼독 밀리어네어〉, 〈킹스 스피치〉, 〈아르고〉, 〈스포트라이트〉 같은 훗날 오스카 수상작들도 이름을 올렸다.

“구글 어스가 남자라면
내가 10층 건물이라도 못 찾았을 거다.”

와일드 영

★ ★ ★

감독 **미카엘 하프스트롬** 배우 **안드레아스 윌슨, 헨릭 룬스트롬, 구스타프 스카스가드**

15세 관람가, 2003, 스웨덴, 덴마크

"이성을 잃고 미쳐버리지 않으려면 어떻게 숨을 고르고 무슨 생각을 해야 하는지 알고 있다. 이제 나는 안다. 그는 내가 알던 때부터 저랬으니까." 열여섯 살 소년 에릭 폰티는 어머니 그리고 새아버지와 식탁에 앉아 있다. 이 말이 무슨 뜻인지를 알기까지 앞으로 몇 초만 더 기다리면 된다. 소년의 포크가 우연히 바닥에 떨어지자 남자는 아무 말도 하지 않고 그의 따귀를 세차게 내려친다. 에릭은 아무런 반응을 보이지 않는다. 저녁 식사가 끝나고 새아버지가 그를 훈육하려고 방에 데리고 갈 때까지 아무런 반응을 하지 않는다. 웃통을 벗은 에릭과 혁대를 손에 움켜쥔 새아버지가 문을 닫는 모습이 보인다. 남편의 말에 꼼짝 못하는 에릭의 어머니는 침묵 속에 괴로워하면서 피아노를 치며 구타 소리를 감추려 한다.

다음은 또 다른 폭력이 행사되는 장면이다. 하지만 이번에는 에릭이 가해자다. 야생 짐승처럼 맹렬하게 학교 친구를 주먹으로 두들겨 팬다. 학교에서 에릭을 퇴출시킨 교장은 그를 그렇게 묘사했다. 에릭은 기숙학교로 가게 되고 그곳에서도 상황은 바로 안 좋아진다. 괴롭힘을 묵인할 뿐 아니라 오히려 장려하는 분위기에서 그는 상급생들의 횡포를 겪어야 할 것이다. 에릭 앞에 딜레마가 펼쳐진다. 평화롭게 참을 것인가 아니면 거칠게 반항할 것인가?

영화 〈이유 없는 반항〉과 난폭한 버전의 〈죽은 시인의 사회〉 사이에 자리 잡은 듯한 〈와일드 영〉은 지독하게 권위적인 교육의 위험성을 흡입력 있게 그려낸다. 또한 많은 교육 기관 내부에서 이데올로기로 살아남은 나치즘이 깊이 뿌리내린 스웨덴 사회의 모습을 보여준다.

이 영화의 관람포인트

1. 안드레아스 윌슨(에릭 역)이 청소년 영화 중 가장 카리스마 넘치는 등장인물 중 하나에 생명을 불어넣는다.
2. 반항이 어떻게 정의에 대한 열망과 학대에 대한 분기에서 시작되는지를 보여준다.
3. 폭력은 또 다른 폭력을 양산할 뿐이라는 점을 명쾌하게 드러낸다.

영화로운 비하인드

★ 영화는 에릭이 겪는 많은 사건들을 만나볼 수 있는 얀 기유의 자서전 『이블(Evil)』을 기반으로 제작되었다.

★ 에릭의 새아버지를 연기한 요한 라바에우스는 청소년 시절 영화에 나오는 기숙학교와 매우 유사한 시설에 다녔다. 그리고 그 시절에 대해 악몽 같은 기억이 있다고 말했다.

★ 솔바카 기숙학교의 원래 건물은 영화에 활용할 수 없을 정도로 크게 리모델링 되었다. 그래서 로케이션 매니저는 스톡홀름 근처 오래된 저택을 대체 촬영지로 선택했다. 로케이션 매니저는 영화를 표현하는 데 가장 적합한 장소들을 찾고 촬영에 필요한 모든 허가를 받아내는 전문가이다.

퀸카로 살아남는 법

★ ★ ★

감독 **마크 워터스** 배우 **린제이 로한, 티나 페이, 레이첼 맥아담스**
15세 관람가, 2004, 미국

"등교 첫날은 안개 같다. 스트레스를 주는 그런 초현실적인 안개." 이야기를 시작하는 사람은 열여섯 살 소녀 케이디 헤론이다. 그녀는 아프리카에서 계속 살다가 이제 막 미국 고등학교에 상륙했다. 모든 것이 너무 새로워 정신이 하나도 없는 환경에서 그녀는 몹시 혼란스럽다. 시작부터 케이디는 버스에 치일 뻔 하고, 교실에 들어서자마자 어떤 여학생과 싸우며, 앉을 자리를 찾지 못하고 선생님들에게 연속으로 꾸중을 듣는다. 그러나 최악은 아직 오지도 않았다. 학교 급식실에서 케이디는 포식자로 가득 찬 사바나보다 위험한 환경 속에, 친구도 없이 철저히 혼자임을 깨닫는다. 사실 케이디는 제대로 된 학교생활이 처음이다. 항상 집에서 부모님의 지도하에 공부를 했기 때문이다. 하지만 두 번째 날부터 상황은 조금씩 변하기 시작한다. 먼저 그 반의 두 아웃사이더, 이모(Emo) 스타일의 여학생 그리고 게이 남학생과 친해진다. 이어서 학교의 가장 인기 있는 패거리 '바비'의 여왕벌이 그녀에게 접근한다. 머리부터 발끝까지 플라스틱인 그 유명한 인형처럼 예쁘고 돈 많고 모든 게 가짜인 바비들이다. 케이디는 의미는 없지만 철저히 지켜야 하는 규칙에 동의하며 그들 패거리에 들어간다. 하지만 제일 중요한 규칙을 어기고 말았다. 바로 '친구들의 옛 애인은 절대 금지'라는 조항이다. 그녀가 바비의 리더 레지나의 옛 남자친구와 가까워지면서 전쟁이 시작된다.

하이틴 코미디 중에서 〈퀸카로 살아남는 법〉은 비교적 희귀한 진주 같은 존재다. 날카롭고 재치 넘치는 티나 페이의 각본은 인류학 연구처럼 세밀하게 고등학교 생활을 분석하고 여기에 딱 맞게 구성된 대사들의 향연으로 마니아층까지 생겨났다.

이 영화의 관람포인트

1 낯선 환경에 새로 오게 된 사람의 어려운 적응기를 가볍고도 흡입력 있게 그려냈다.

2 고등학교 생활을 묘사하는 섬세함과 '플라스틱처럼 가짜로 꾸며진 나보다 약점을 가진 그대로의 나인 편이 낫다'는 영화의 메시지가 좋다.

3 만사가 안 풀리는 날을 위한 통쾌한 처방책이 된다.

영화로운 비하인드

★ 교장 역으로 출연한 팀 메도우즈는 촬영 전 손이 부러지는 바람에 영화에는 그가 손목에 문제가 있어 깁스를 하고 다닐 수밖에 없다는 설정이 추가되었다.

★ 영화는 로잘린드 와이즈먼의 『여왕벌인 소녀 여왕벌이 되고 싶은 소녀』를 기반으로 만들어졌는데 이 책은 소설이 아니라 고등학생 자녀를 둔 부모를 위한 안내서 형태의 수필이다.

★ 각본가 티나 페이는 각 등장인물마다 매우 치밀한 백 스토리(back story)를 준비했다고 말했다. 이것은 영화에 등장하는 사건들 전에 일어나는 인물들의 이야기를 뜻한다.

디 벨레

★ ★ ★

감독 데니스 간젤 배우 위르겐 포겔, 프레데릭 라우, 막스 리멜트
15세 관람가, 2008, 독일

카리스마 넘치는 역사 교사, 라이너 벵어 반 학생들은 주제별 공부 주간 셋째 날을 보내고 있다. 그들은 '독재 정치', 다시 말해 독재의 절대적인 권력이라는 주제에 대해 공부하고 있다. 그의 수업은 보통 수업과는 다르다. 현장 실험에 가깝다. 이제 학생들은 전부 하얀색 단체복을 입고 그들의 집단에 파도를 뜻하는 독일어 '디 벨레'라는 이름을 붙인다. 집단의 결속력은 점점 강화된다. 그런데 카로는 여기에 참여하지 않고 단체복을 입지 않기로 결정했다. 그녀는 새하얀 교실 한 가운데 붉은 반점 같다. 교사는 카로가 손을 드는데도 무시한다. 당황한 기색으로 걱정스럽게 주위를 둘러보던 그녀는 집단으로부터 소외감을 느끼고 단지 역사 실험이어야만 했던 것이 초래한 위험한 동요를 감지한다. 이 실험이 향하고 있는 방향이 명확히 보인다. 단 한 사람의 강한 지휘 아래 결속된 집단에서 개인은 사라진다. 이의를 제기하는 사람은 억압을 받게 된다. 디 벨레에 속한 자는 특권을 누리고 외부인은 모두 적대시된다. 날이 갈수록 집단은 파시스트의 특징을 닮아가고 일부 학생들은 '집단정신' 덕분에 자신들의 불안을 극복하는 한편 또 다른 이들은 비극적인 결과로 인도할 난폭하고 위험한 기류를 선택한다.

영화 자체가 이를 관람하는 사람의 의식 위로 휘몰아치는 파도(디 벨레)다. 맹종이라는 주제를 다루면서 동시에 사춘기를 사랑과 우정 그리고 정체성이 끊임없이 시험당하며 약하고 유동적인 지대로 그린다. 깊이 있는 이야기로 관객을 사로잡고 압도한다.

이 영화의 관람포인트

1 '민주적이라고 평가받는 국가들에 독재의 귀환이 가능한가?'라는 질문에 매우 현명하게 답한다.

2 경제 위기로 인한 사회 불안, 실업, 다르다고 여기는 사람을 증오하게 만드는 극단적 민족주의 같은 상황에서 파시즘이 파생될 수 있다는 시사점을 던져준다.

3 강하고 카리스마 있는 존재가 약자를 얼마나 쉽게 조종하는지 생각해 볼 수 있다.

영화로운 비하인드

★ 영화는 1967년 캘리포니아 고등학교에서 실제로 일어난 사건을 배경으로 만들어졌다. 또한 독일 청소년 문학 고전 『디 벨레(파도)』로도 출판되었다.

★ 이야기를 영화화하자는 발상은 친구들과의 저녁 식사 자리에서 탄생했다. 감독 데니스 간젤은 소설에 완전히 매료되어 영화로 만들면 좋겠다고 생각했다. 그래서 제작자는 그가 모르게 판권을 얻기 위해 부지런히 움직였다.

★ 디 벨레의 로고를 도심에 도배할 수 없어 CGI(Computer-generated imagery)로 변형된 화면이 사용되었다. 이는 컴퓨터가 3D로 생산된 이미지로, 존재하지 않는 현실을 만드는 기술이다.

"요즘 같은 시대에도
반역을 일으킬 만한 것이 남아있을까?"

온 더 웨이 투 스쿨

★ ★ ★

감독 **파스칼 플리송**

국내 관람등급 미분류, 2013, 프랑스, 중국, 남아프리카공화국, 브라질, 콜롬비아

"이 세계 어딘가에는 학교 가는 길이 대단히 큰 모험이고 교육의 기회는 쟁취해야 할 대상이다. 매일 아침 아이들은 용감하게 배움을 향한 여정에 오른다. 이 학생들은 실제 이야기의 주인공들이다…." 영화는 이런 자막으로 시작한다.

케냐 사막과 파타고니아의 언덕, 벵골만과 모로코의 산악지대, 빈곤으로 좌절된 이 지구의 모퉁이 주민들은 가장 기본적인 필요를 충족시키기 위해 매일 같이 작은 모험을 나서야 한다. 아프리카의 꼬마 잭슨은 세 시간에 걸친 등굣길을 나서려고 여동생 살롬과 함께 새벽에 일어난다. 아르헨티나의 카를리토는 말을 타고 파타고니아 산맥을 따라 먼 거리를 부지런히 달린다. 모로코의 자히라는 책가방을 메고 불평 없이 뚝심 있게 수십 킬로미터를 걸어간다. 그리고 하반신이 마비된 인도의 사무엘은 휠체어를 타고 매일 같이 집요한 마라톤을 완주한다. 험난한 장애물들을 넘으며 아이들은 자신의 꿈에 한 발짝씩 다가간다.

〈온 더 웨이 투 스쿨〉에서 촬영 카메라는 숨이 멎을 듯한 광경을 선사함에도 어느 순간 그 존재감이 잊힌다. 그리고 그 자리에는 아이들의 진짜 이야기, 등굣길의 고단함, 실화가 아니었다면 믿을 수 없을 놀라운 이야기들이 남는다. 영리하게 만들어진, 우리에게 꼭 필요한 다큐멘터리이다.

이 영화의 관람포인트

1 우리가 교육의 기회를 당연하게 생각할 때가 얼마나 많은지 깨닫게 해준다.

2 네 명의 주인공들을 통해 지식이 빈곤을 탈피할 유일한 구제 수단임을 보여준다.

3 우리가 잘 모르는 지구 저편의 마을들을 알아갈 수 있는 기회를 선사한다.

영화로운 비하인드

★ 사무엘이 사용한 휠체어는 〈매드맥스: 분노의 도로〉에서 포스트 아포칼립스적인 느낌을 주는 배경으로 등장한다.

★ 플리송 감독은 촬영을 시작하기 전 주인공들과 오랜 기간 함께 살면서 신뢰를 쌓았다.

★ 다큐멘터리 장르는 영화 역사의 기원에 가까운 1895년에 공장을 나서는 프랑스 노동자들을 촬영한 〈뤼미에르 공장을 나서는 노동자들〉이라는 짧은 영화에서 시작됐다.

꿈과 열정

베카스

★ ★ ★

감독 **카르잔 케이더** 배우 **자맨드 타하, 사르와르 파질**

12세 관람가, 2012, 스웨덴, 핀란드, 이라크

커다란 수류탄 박스가 골대를 대신하는 시끌벅적한 축구 경기는 흥분에 찬 아이들의 외침에 잠시 중단된다. "영화관에서 슈퍼맨 상영한대!" 그들은 소리친다.

일곱 살 자나와 열 살인 그의 형 다나는 절대 놓칠 수 없다! 돈이 한 푼도 없지만 두 고아 형제는 용기를 잃지 않는다. 영화관 지붕 위로 올라가 머리를 들이밀어 쫓겨나기 전에 슈퍼맨의 업적을 훔쳐볼 구멍을 찾는다. 영화에서 영감을 받은 다나는 터무니없는 발상을 한다. 사담 후세인의 독재로 억압당하는 이라크 도시 쿠르디스탄을 떠나 슈퍼맨과 직접 대화하기 위해 미국에 가는 것이다. 가장 약한 사람들을 보호하고 불의에 대항하여 싸우는 슈퍼맨은 분명 그들을 도울 방법을 알고 있을 거다. 그리하여 형제는 마이클 잭슨이라 이름 지은 당나귀를 마련하고 구두닦이로 힘들게 번 돈 몇 푼과 여권을 준비한다. 여행이 길어야 며칠 정도 걸릴 거라 확신하면서 말이다. 마을을 떠나 미지의 땅을 지나며 그들은 생존 전쟁으로 이기적이고 무자비하게 변해버린 인간들을 만난다.

이들의 무모하고 필사적인 여행에서 과연 남는 게 있을까? 단순한 나라를 기적이 일어나는 땅으로 만들어버리는 아메리칸 드림. 하지만 이 여행에서는 그 무엇도, 그 누구도 끊을 수 없는 끈끈한 형제 관계가 남는다. 자나와 다나를 특별한 '남자', 아니 슈퍼맨으로 보이게끔 만드는 그런 형제애 말이다.

이 영화의 관람포인트

1. 믿기 힘들지만 쿠르디스탄에서 탈출한 감독의 실제 이야기를 기반으로 한다.
2. 생생하고 마음을 사로잡는 화면으로 지루할 틈이 전혀 없다.
3. 두 형제의 개인적이고 감동적인 모험담을 가벼운 어조로 들려준다.

영화로운 비하인드

★ 자나와 다나처럼 감독 역시 어렸을 때 그를 구원한 영화 영웅이 있었다. 그의 경우에는 람보였다.

★ 베카스는 쿠르드 민족에게 엄청난 존경의 대상이다. 베카스란 전쟁에서 모든 가족 구성원을 잃고 혈육 없이 세상에 완전히 혼자 남겨진 사람을 말한다.

★ 이 영화는 처음에 단편 영화로 탄생했다. '단편'이란 5~45분 사이의 짧은 영화를 말한다. 45~70분은 중편 영화, 그 이상은 장편 영화로 분류한다.

와즈다

★ ★ ★

감독 하이파 알 만수르　배우 림 압둘라, 와드 모하메드, 압둘라만 알 고하니

전체 관람가, 2012, 사우디 아라비아, 독일

사우디아라비아 수도 리야드, 여자들만을 위한 초등학교에서 열 살 소녀 와즈다는 친구들과 함께 기도를 하고 있다. 하지만 소녀는 발음을 똑바로 하기보다는 입술을 움직이며 흉내만 내면서 기도하는 척 하고 있다. 이를 눈치챈 교사는 그녀를 마지막 줄에서 일어나도록 하여 맨 앞자리 중앙으로 부른다. 그 순간 일반적인 관행을 거부하는 와즈다의 천성이 확실히 드러난다. 그녀의 다름은 옷차림(아바야, 여성들이 의무적으로 착용해야 하는 검은 망토 모양의 의상)이 아닌 신발에 있다. 다른 친구들은 전부 굽이 낮은 모카신을 신는 반면 와즈다는 유일하게 캔버스화를 신고 있다. 이렇게 우리는 반항적이며 자신의 자유를 주장할 준비가 된, 그리고 무슨 수를 써서라도 손에 넣고 싶은 초록색 자전거로 상징되는 소녀를 만나게 된다. 그런데 그녀의 가족들은 남자들에게만 허용되었던 자전거를 딸이 타고 다니는 것을 원하지 않는다. 결연한 와즈다는 필요한 돈을 직접 마련해본다. 하지만 곧 돈을 벌 수 있는 거의 모든 수단이 자신에게는 금지되어 있다는 사실을 깨닫는다. 유일한 방법은 학교 코란 경전 퀴즈 대회에서 일등 상금을 타는 것이다. 자전거를 손에 넣을 수만 있다면 충분히 도전해볼만 하다.

고전적인 성장 이야기처럼 보일 수 있지만 〈와즈다〉는 그보다 훨씬 대단하다. 영화는 사우디아라비아에서 여성들의 지위가 어떠한지를 보여주며 극도로 보수적인 사회에 저항하는 한 소녀의 노력을 그린다. 하지만 주제의 심각성에도 불구하고 감독은 결코 무겁지 않고 일관되게 가벼운 어조를 유지하는 능력이 뛰어나다. 복잡하지만 감동을 주며 웃음 이상의 그 무언가를 선사하는 영화이다.

이 영화의 관람포인트

1 가장 기본적인 권리조차도 금지된 환경에서 여성의 지위에 대해 생각해볼 수 있다.
2 꿈의 대상만 바꾸면, 와즈다의 꿈과 야망은 우리의 것과 다르지 않다는 보편적인 주제를 그리고 있다.
3 영화 역사상 아역 배우로 가장 뛰어난 퍼포먼스를 보여준 인물 중 하나인 와드 모하메드의 놀라운 연기를 감상할 수 있다.

영화로운 비하인드

★ 사우디 여성 감독이 이루어낸 최초의 장편 영화이다.

★ 사우디아라비아 여성들에게 주어지는 제약 때문에 감독에게는 남성의 비중이 높은 영화 제작진들과의 직접적인 소통이 금지되었다. 그녀는 야외 촬영 동안 옆에 세워진 승합차에서 모니터를 통해 현장을 보고 무전기로 지시를 하면서 촬영을 지휘해야만 했다.

★ 와즈다가 오븐에서 빵을 꺼내는 장면에서 허리에 찬 마이크가 보이는 옥에 티가 있다. 촬영장에서 녹음기기 관리를 담당하는 사람을 음향 기술자라고 한다.

빌리 엘리어트

★ ★ ★

감독 **스티븐 달드리** 배우 **제이미 벨, 줄리 월터스**
12세 관람가, 2000, 영국, 프랑스

"빌리, 너는 저 권투 글러브와 너의 아버지, 이 체육관의 수치야." 열한 살 소년 빌리는 권투 수업 중 아주 약해빠진 상대와 붙었는데도 또 다시 바닥에 쓰러지고 말았다. 사실 그는 모든 사람들과 다르다. 고단한 삶은 영국 광부인 아버지를 완고한 사람으로 만들었고 아내의 죽음 이후 그의 삶은 더욱 어두워졌다. 아버지는 빌리가 그의 형처럼 단단하고 사내다운 아들이 되길 바랐다. 그가 걸어갈 길처럼 보였던 링에서 주먹을 휘두르기를 바랐다. 그런데도 빌리는 발레와 토슈즈를 더 좋아했다. 하지만 이 사실을 스스로 인정하기도 어려웠다. 자신의 남성성을 욕되게 하고 싶지 않았고 아버지의 야망을 실망시키고 싶지 않았지만 그의 춤에 대한 소질은 귀청이 떨어질 듯한 비명 같아서 더 이상 외면할 수가 없었다. 그렇게 그는 마음을 갈기갈기 찢어놓는 반대를 무릅쓰고 몰래 집 화장실이나 골목길에서 연습하기 시작한다. 빌리 안에서 진정한 재능을 발견할 사람은 늘 발 빠르게 행동하는 발레 선생님인 윌킨슨 부인일 것이다. 그녀는 빌리 옆에 꼭 붙어 모든 것과 모든 사람에(소년의 할머니만 제외하고) 맞서 유명한 런던 로얄 발레학교 오디션에 그를 참가시키며 그의 꿈을 현실로 바꿔 놓게 할 것이다.

〈빌리 엘리어트〉는 자신의 정체성과 꿈에 대한 성찰을 사려깊고 재미있게 그린 영화다. 아름답게 날아오르기까지 뼈를 깎는 연습이 필요한 안무가 매우 조화롭게 구성된 작품이다.

이 영화의 관람포인트

1. 아이러니하고 따뜻하며 섬세한 남자 주인공을 그린다. '진짜 남자'는 바로 이런 사람이다.
2. 꿈이 가진 힘, 불타는 열정과 훈련이 우리를 얼마나 먼 곳까지 데리고 가는지를 누구나 느낄 수 있다.
3. 우리의 꿈이 때로는 가족의 지지를 받지 못할지라도 솔직하게 털어놓음으로써 우리 가까이 있는 사람의 생각을 바꿀 수 있다.

영화로운 비하인드

★ 제이미 벨은 실제로 초등학교 시절 발레 수업을 받았으며 동급생들에게 집단 따돌림의 표적이 되었다.

★ 벨은 촬영 당시 변성기를 겪고 있어서 그의 대사 중 일부는 바뀐 목소리 때문에 후시 녹음을 진행했다.

★ 후시 녹음(ADR, automated dialog replacement)이란 원래 배우(혹은 대역 배우)가 촬영물의 오디오를 개선하기 위해 스튜디오에서 대사를 다시 녹음하는 일이다.

"각자에게는 밖으로 나오기만을
기다리고 있는 재능이 있어."

코코

★ ★ ★

감독 에이드리언 몰리나, 리 언크리치
배우(목소리) 안소니 곤잘레스, 가엘 가르시아 베르날, 벤자민 브랫, 알라나 우바치, 레니 빅터
전체 관람가, 2017, 미국

멕시코에서 '죽은 자들의 날'은 그야말로 축제다. 묘지들은 꿈같은 분위기 속에서 사라진 이들을 그리는 불빛과 인파로 가득하다. 열두 살 소년 미구엘 리베라도 지금 산타 세실리아 묘지에 있다. 하지만 망자를 기리기 위한 것은 아니다. 불꽃놀이가 시작된 어수선한 상황을 틈타 미구엘은 자신의 가장 큰 소원을 이루기 위해 그의 우상, 가수 에르네스토 델라크루즈의 영묘에 들어간다. 미구엘의 소원은 에르네스토의 전설적인 하얀색 기타를 연주해보는 것이다. 하지만 거치대에서 기타를 들어 올려 줄을 튕기기 시작하자 그 꿈은 악몽으로 변해버린다. 그는 죽은 자의 물건에 함부로 손을 댄 것이고 결국 삶과 죽음 사이의 경계를 넘어버려서 지금 저승에 와있다. 그리고 영원히 그곳에 남지 않으려면 동이 트기 전에 돌아가야 한다. 그리하여 산 자들의 현실보다 다채롭고 찬란한, 불꽃 튀는 사후 세계로의 여행이 시작된다. 그곳을 지나가며 미구엘은 죽음이 삶의 일부라는 점과 소중한 사람들의 기억을 우리 마음에 품는다면 두려움이 줄어든다는 사실을 깨닫게 될 것이다.

〈코코〉는 놀라운 발견들로 가득한, 픽사가 만든 가장 아름다운 애니메이션 영화 중 한 편이다. 질주하는 듯한 리듬으로 가장 무덤덤한 관객도 울먹이게 만들 수 있는 멕시코 문화에 대한 진심어린 경의가 담긴 작품이다.

이 영화의 관람포인트

1 아동과 청소년을 위한 이야기에는 금기시되는 죽음과 같은 주제에 대해 성찰해보도록 하며, 어른과 아이 모두를 감동시킨다.

2 삶은 어디에나 흐르고 있음을 상기시킨다. 사물, 동물, 마술적 존재의 세계에 생명력을 불어넣는 훌륭한 광경이 인상적이다.

3 가족은 우리 각자의 뿌리에 영양분이 되는 깊은 유대이자 귀중한 자산임을 보여준다.

영화로운 비하인드

★ 할머니 목의 움직임을 만드는 것이 어려워서 감독 에이드리언 몰리나는 장모님에게 픽사에 나와 달라고 부탁했고, 목을 어떻게 움직이는지 보기 위해 그녀가 화를 내도록 자극해보았다.

★ 중국에서는 유령이나, 살아 움직이는 해골 같은 몇 가지 요소 때문에 원래 영화 상영이 금지됐어야 했다. 하지만 중국 정부의 검열 심의회 구성원들이 영화를 보고 크게 감동한 나머지 예외로 인정했다.

★ 〈코코〉는 무려 6년 동안 액티브 프로덕션(active production) 상태로 있으면서 픽사 영화 중 가장 긴 수정 기간을 기록했다. 액티브 프로덕션이란 발상부터 최종 수정까지 하나의 프로젝트에 대한 지속적이고 꾸준한 작업을 말한다.

걸

★ ★ ★

감독 **루카스 돈트** 배우 **빅터 폴스터, 아리 보르탈테르**
15세 관람가, 2018, 벨기에

라라는 학교 가기 전 남동생 밀로를 준비시키고 있다. 동생은 발버둥 치며 격렬하게 반항한다. 그녀는 좋게 타일러 보지만 결국 스웨터를 입히기 위해 꼬마를 힘으로 제압하는 수밖에 없다. 아이는 성을 내며 가시 돋친 말을 쏟아내고 만다. "그만해, 빅터!" 얼음장 같은 물을 한 바가지 맞은 기분이다. 소녀는 돌처럼 굳어버린다. 눈물이 쏟아져 내릴 것처럼 자꾸만 차오른다. 잠시 세상이 멈춘 것 같다. 라라는 다시 정신을 차리고 저항하는 밀로를 힘으로 이겨버린다. 마침내 평화가 돌아왔다. 부드러운 어조로 소녀는 속삭인다. "더 이상 그 이름으로 부르지 마. 알겠지?"

라라는 열다섯 살이고 생물학적으로는 남성으로 태어났다. 하지만 그녀는 빅터가 아니다. 그녀의 진짜 이름은 라라이다. 자신의 의지와 정체성을 주장하고 온 몸의 세포들이 원하는 이는 라라이다. 빅터는 모든 측면에서 고통스러운 변화 과정을 통해 사라질 때까지 고쳐놓아야 할 과거이다. 다행히도 라라는 그녀를 지지하는 훌륭한 아버지가 있다. 그리고 그는 끝없는 사랑으로 클래식 발레에 대한 딸의 열정을 뒷바라지한다. 그러나 다른 친구들을 따라잡기 위해 엄청난 노력을 기울이고 열성적인 훈련을 계속해도 라라의 몸은 마음을 따라주지 못하는 것 같다. 살과 뼈로 된 감옥처럼 진짜 라라를 밖으로 내보내는 일에 무관심하다. 그래서 그녀는 해방되기 위해, 이미 영혼과 정신으로는 존재하는 그 사람이 되기 위해 몸부림친다.

〈걸〉은 성소수자들을 위한 영화계의 전환점이지만 모든 사람들에게 메시지를 전하는 영화이다. 자신의 내면 깊이, 때로는 스스로에게 적이 될 수밖에 없는 자신의 몸을 만날 수 있게 해주는 작품이다.

이 영화의 관람포인트

1 트랜스 젠더라는 복잡하고 민감한 이야기를 다룰 때 늘 도사리고 있는 편견과 고정관념을 극복할 능력이 있는 영화다.
2 낯선 육신에 갇혀버린 고통을 처절하게 보여주면서 라라로 재탄생하는 데에 성공한 열여섯 살 발레리노 빅터 폴스터의 감동적인 연기가 인상적이다.
3 자신의 꿈을 이루기 위한 절박함을 이처럼 깊이 있게 그린 영화는 보기 드물다.

영화로운 비하인드

★ 감독은 남자로 태어나 발레리나가 되기를 꿈꾸었던 벨기에 소녀, 노라 몽세쿠르의 이야기를 신문에서 보고 영감을 얻었다고 한다.

★ 주인공을 발탁하기 위한 캐스팅 오디션은 젠더리스였다. 즉 소년과 소녀 그리고 둘 중 어느 쪽에도 자신을 동일시하지 않는 사람 모두에게 기회의 문이 열려 있었다.

★ 캐스팅 디렉터와 감독은 발레학교에서 바로 오디션을 보기로 결정했다. 캐스팅 디렉터는 배우들을 찾고 선발하는 일을 담당하는 사람이다. 감독과 늘 긴밀하게 협력하면서 오디션 일정을 잡고 지휘한다.

구니스

★ ★ ★

감독 **리처드 도너** 배우 **숀 애스틴, 조슈 브롤린, 코리 펠드만**

전체 관람가, 1985, 미국

둘도 없는 친구 사이인 미키, 마우스, 청크, 다타는 먼지 가득한 다락방에서 잡동사니를 호기심 가득한 눈빛으로 파헤치고 있다. 미키는 아버지 물건을 어지르는 일이 마음에 들지 않지만 놀라운 물건을 발견하고 만다. 바로 액자 속에 숨겨진 지도이다. 아이들은 몹시 흥분한다. 전설의 해적 애꾸눈 윌리의 보물이 있는 곳으로 안내하는 지도 같아 보인다. 네 친구와 그들의 가족에게 그런 보물은 그야말로 하늘에서 내려오는 동아줄이나 다름없다. 조만간 군닥스 거리(그래서 친구들끼리는 서로를 구니스라고 부른다)에서 쫓겨날 예정이기 때문이다. 그렇다면 보물찾기에 나서보자! 무리에는 미키의 형과 그의 동갑내기 친구인 안드레아와 스테파니가 뜻하지 않게 합류하게 된다. 그리하여 이들은 마찬가지로 보물을 찾고 있는 무서운 엄마와 세 아이로 조직된 갱단, '형제들'의 추격을 당하며 환상적인 모험을 시작하게 된다.

〈구니스〉는 청소년 영화의 이정표 같은 존재라 할 수 있다. 여러 세대에 걸쳐 십대들의 삶에 획을 긋고 오늘날에도 많이들 따라하는(넷플릭스 시리즈 〈기묘한 이야기〉만 봐도 알 수 있다) 액션영화의 모델을 만든 컬트영화다. 하지만 순수한 모험담 속에서 의미가 가득한 성장 이야기를 직감할 수 있다. 이들이 찾고 있는 진짜 보물은 바로 우정이며 주인공들의 목표는 부자가 되는 것이 아니라 영원히 함께 하는 것이다. 스티븐 스필버그가 각본에 참여한 이 이야기는 웃음과 소름돋는 반전을 오가며 어지러울 정도로 빠르게 전개된다. 영화가 끝나면 환상적인 회전목마를 타고 온 것처럼 바로 새로운 한 바퀴를 탈 순간만 기다리는 듯한 기분이 들 것이다.

이 영화의 관람포인트

1 단결이 곧 힘이라는 사실을 늘 깨닫는다.
2 집단 따돌림과 다름을 받아들이기 같은 중요한 주제를 다룬다.
3 관객을 현명하게 붙들어두는 힘을 가지고 있다.

영화로운 비하인드

★ 숀 애스틴(미키 역)은 영화에서 사용된 보물 지도를 집에 가져갈 수 있다는 허락을 받았다. 하지만 몇 년 후에 그의 어머니가 서랍에서 발견하고는 쓰레기통에 버렸다.

★ 해적선은 영화를 위해서 일부러 제작되었다. 촬영이 끝난 후 원하는 사람이 가져가도록 했지만 임자가 나타나지 않아 결국 철거되고 말았다.

★ 영화 속 모든 특수 효과는 영화의 시각적인 부분을 책임지는 미술감독 J. 마이클 리바 덕분에 컴퓨터 없이 일일이 수작업으로 이루어졌다.

"여기서부터는 우리의 시간이야."

휴고

★ ★ ★

감독 **마틴 스콜세지** 배우 **벤 킹슬리, 에이사 버터필드, 클로이 모레츠**

전체 관람가, 2011, 미국

1930년대 파리 도심 위로 날아가 보자. 이번에는 쭉 하강하여 사람들이 바글대고 증기가 뿜어져 나오는 큰 기차역 안으로 내려가 보자. 이제 거대한 시계 벽면에 도착할 것이고 그 작은 틈 사이로 열두 살 소년이 밑에서 일어나는 일들을 흥미롭게 엿보는 모습이 보일 것이다. 그의 이름은 휴고 카브렛으로 기차역의 중심부를 구성하는 계단, 육교 그리고 제동장치의 미로 속에 숨어 사는 고아다. 잠시 후 조르쥬 멜리에스 할아버지의 장난감 가게에서 생쥐 인형을 훔치려는 순간 그는 현행범으로 붙잡히고 만다. 퉁명스러운 가게 주인은 주머니를 털어보게 만들고 도난품 중에는 휴고가 특별한 애착을 보이는 낡은 수첩이 나온다. 종이에는 어떤 기계 장치의 스케치가 그려져 있다.

소년은 다시 수첩을 돌려달라고 애원하지만 장난감 가게 주인은 그럴 생각이 전혀 없다. 그 순간부터 휴고의 목표는 단 하나 뿐이다. 시계공이었던 아버지가 화재로 돌아가시기 전 남겨준 소중한 자신의 수첩을 되찾는 것이다. 휴고는 멜리에스 할아버지의 손녀 이사벨의 도움으로 환상적인 모험을 시작하게 되고, 이는 두 꼬마를 영화 발명의 근원까지 데리고 갈 뿐 아니라 소년의 아버지 카브렛 아저씨가 죽기 전 고쳐보려 했던 멋진 로봇 속에 감춰진 수수께끼를 발견하게 될 것이다.

〈휴고〉는 빛나는 초근대 3D 옷을 입은, 디킨스 동화의 느낌이 나는 영화다. 카메라 뒤에 전 시대를 통틀어 가장 위대한 감독 중 한 명인 마틴 스콜세지가 있는 것은 우연이 아니다. 눈 호강을 제대로 시켜줄 작품이며 꼬마 관객부터 영화광인 어른까지 넋을 잃게 만드는 마법 같은 작품이다.

이 영화의 관람포인트

1 영광스러운 영화의 시초를 인상 깊은 방식으로 접할 수 있다.

2 브라이언 셀즈닉의 아름다운 글과 그림이 담긴 소설을 기반으로 제작되어 동화 같은 이야기의 따뜻함이 느껴진다.

3 세상의 커다란 체계 속에 자신의 자리를 찾는 한 소년의 내면적인 여행을 그림으로써 액션보다는 감정에 충실한 영화이다.

영화로운 비하인드

★ 실제 조르쥬 멜리에스는 영화 기술과 특수효과의 개척자 중 한 명이었다. 1896년부터 1914년까지 530편이 넘는 영화를 작업했지만 파산을 면하기 위해 그는 모든 영화를 팔았다.

★ 스콜세지 감독은 여기서 최초의 영화에 여러 장면으로 존경을 표한다. 1895년 12월 28일에 상영된 뤼미에르 형제의 〈열차의 도착〉이 그 대표적인 예다.

★ 도심을 담기 위한 첫 번째 항공 촬영은 가장 어려운 촬영이었다. 각 장면을 렌더링 하는 데에 수십 개의 컴퓨터가 필요했기 때문이다. 렌더링(rendering)은 2차원 이미지에 사실감을 불어넣어 실제 이미지와 비슷하게 변환하는 것을 말한다.

"난 세상이 큰 기계라고 상상하곤 했어.
기계엔 불필요한 부품이 들어있지 않아.
딱 필요한 것만 모여 하나가 되잖아."

팀 버튼의 크리스마스 악몽

★ ★ ★

감독 **헨리 셀릭** 배우(목소리) **대니 엘프만, 크리스 서랜던, 캐서린 오하라**

전체 관람가, 1993, 미국

잭 스켈링톤과 그의 유령 강아지 제로는 할로윈 마을 인근 숲속, 묘지 비석들과 호박 밭 사이에서 길을 잃었다. "이곳은 굉장히 낯설군." 잭은 나무 기둥으로 둘러싸인 빈 터를 돌아보면서 속삭인다. 각 기둥에는 가지각색의 문 모양이 그려져 있다. 잭의 눈빛은 경이로움으로 가득하다. 그는 해골에 깊게 파인 눈구멍을 크게 벌린다. 그리고 반짝거리는 공들로 장식된 짙은 초록빛 나무 모양 문에 다가간다. 손잡이를 잡기 위해 앙상한 팔을 길게 뻗는다. 이번엔 나무 기둥 안을 들여다본다. 의심을 품은 채 뒤로 물러서려던 순간 종소리와 함께 거센 바람이 불어와 그를 문지방 너머로 끌고 가 기둥 안으로 쏙 흡수해버린다. 그리하여 잭은 따뜻하고 다채로운 조명으로 빛나고 있는 눈 덮인 크리스마스 타운을 발견한다. 마녀, 흡혈귀, 괴물, 괴로운 비명 소리와 우울한 노래들로 가득한, 그가 평생 살았던 곳과는 전혀 다른 장소다. 이곳 사람들은 모두 행복해하며 아이들의 침대 밑에는 무서운 존재들 대신 산타 할아버지가 가져온 선물이 있다. 잭은 생각에 잠겨 할로윈으로 돌아온다. 크리스마스를 재현하면서 자신의 마을에 새롭고 즐거운 축제를 선사하고 싶은 것이다. 그는 산타 할아버지를 납치하여 할로윈 마을 주민들과 준비한 소름끼치는 선물들로 그의 역할을 대신하려는 계획을 세운다.

〈팀 버튼의 크리스마스 악몽〉은 아이들과 청소년 영화계의 우상 같은 존재이다. 특유의 어두운 배경은 눈으로 감상할 수 있는 한편의 멋진 시라고도 할 수 있다. 이 영화는 창작자 팀 버튼의 상상력이 각 장면마다 보글보글 끓어오르는 커다란 솥과 같다.

이 영화의 관람포인트

1. 가진 것을 당연하게 여기고 불만족해하는 마음으로 괴로워하는 잭의 인간적이고 매우 보편적인 모습이 드러난다.
2. 영화계에서 탄생한 가장 뛰어난 애니메이션 중 하나이다. 관객을 사로잡아 감동을 주며 성찰하도록 하고 재미있으면서도 슬프고 놀라게 만들지 않으면서 공포를 보여준다.
3. 교훈적인 어조를 띠지 않고 물질만능주의와 소비지향주의를 비판한다.

영화로운 비하인드

★ 팀 버튼은 어떤 가게 옆을 지나가다가 크리스마스 상품들로 교체하기 위해 할로윈 전시 상품들을 전부 해체하는 모습에서 이야기의 영감을 받았다고 한다.

★ 이 영화를 완성하기까지 3년이라는 시간이 소요되었다.

★ 이 영화는 퍼핏 애니메이션(puppet animation)으로 촬영했다. 이는 인형, 꼭두각시 같은 장난감들이 세트장 안에서 움직이는 데 사용되는 스톱모션을 뜻한다.

"애써 이해하려 하지 마,
그냥 상상하면 되는 거야!"

시네마 천국

★ ★ ★

감독 **쥬세페 토르나토레** 배우 **필립 느와레, 살바토레 카스치오, 엔조 칸나발레**

전체 관람가, 1988, 이탈리아

과거는 비오는 날 걸려오는 한 통의 전화로 우리 앞에 다시 나타날 수 있다. 바로 살바토레 디 비타에게 일어난 일처럼 말이다. 오십 줄에 접어든 그가 어느 날 밤 집에 돌아오자 아내는 그의 어머니로부터 전화가 걸려왔다고 전한다. "당신이 어머니를 찾아뵌 지 30년이 지났다고 하네요, 벌써." 그는 아무런 대꾸도 하지 않는다. "그리고 아들을 보려면 로마에 와야 하는 사람은 늘 어머니라고 하셨어요."

"그 말씀만 하려고 전화하셨대?" "아니요, 알프레도인가 하는 분이 돌아가셔서 내일 장례식이 있다고 하셨어요." 이 소식은 남자의 마음에 가느다란 균열을 일으키는 것 같다. 그리고 그 틈은 점점 벌어져 그의 기억이 침몰하는 깊은 구렁텅이가 된다. 고향으로 돌아가기 전 살바토레는 수십 년 동안 보지 못한 사람들과 장소들을 생각하면서 자신의 유년기와 사춘기를 떠올린다. 아버지 없이 자란 그는, 꼬마 토토라고 불리던 어린 시절부터 영화를 그 무엇보다 사랑했다. 조조 영화표를 사기 위해 우유 살 돈을 가지고 도망간 그는 제2의 집이나 다름없던 시네마 천국의 작은 상영관에 들어가곤 했다. 그리고 영사기사 알프레도의 견습생이자 친구가 되면서 아버지처럼 따랐다.

〈시네마 천국〉은 영화에 대한 한 감독의 향수에 젖은 사랑 이야기이다. 매혹적이고 모순적이며 서글픈 작품으로, 답답한 하루에 우리를 미소 짓고 눈물을 흘리게 하면서 위로를 줄 수 있는 전형적인 영화다. 현실과 상상 사이 어딘가에 떠 있으며 그 마법 속으로 우리를 잡아갈 준비가 된 이야기다.

이 영화의 관람포인트

1 이야기가 지닌 치유의 힘을 찾아 떠나는 여행이라 할 수 있다.

2 뛰어난 감수성으로 선생님과 제자 사이의 특별한 우정이야기를 그려냈다.

3 〈흔들리는 대지〉, 〈율리시스〉, 〈푸른천사〉, 〈바람과 함께 사라지다〉, 〈역마차〉, 〈쓰디쓴 쌀〉처럼 잊을 수 없는 작품들을 소개하면서 영화의 역사를 영상으로 보여준다.

영화로운 비하인드

★ 알프레도 역의 필립 느와레는 자신의 대사를 전부 모국어인 프랑스어로 연기했고 이는 이후 이탈리아어로 더빙되었다.

★ 개봉 당시 평론가들과 관객들의 반응은 참담했다. 그래서 토르나토레 감독은 영화의 50분 분량을 편집하기로 결단했다. 그 결과 칸 영화제에서 심사위원대상을 수상했고 최우수 외국어영화로 오스카상을 받았다.

★ 영화는 아주 긴 플래시백처럼 구조화되어 있다. 이 기술은 이야기 전개를 위해 과거의 한 시점으로 돌아가는 것이다.

피노키오

★ ★ ★

감독 **마테오 가로네** 배우 **페데리코 예라피, 로베르토 베니니, 마시모 세체리니, 로코 파팔레오**
12세 관람가, 2019, 이탈리아, 프랑스, 영국

기름 램프의 희미한 불빛 사이로 제페토는 피노키오라는 이름의 꼭두각시가 될 통나무를 조각하고 있다. 어찌나 멋지게 만들어지고 있는지 목공 할아버지는 인형을 쓰다듬고 귀여워하며 상상하면서 애원해본다. "피노키오야, 어서 무슨 말이라도 해봐." 그러자 그 작은 나무 인형은 잠시 후 입을 열어 말한다. "아빠." 제페토 할아버지는 놀라 뒤로 자빠질 뻔 한다. 피노키오는 반복해서 말한다. "아빠." 이건 분명 마법이다. 가난한 목공은 너무 기뻐서 추운 밤, 거리로 나가 세상에 외친다. "저에게 아들이 생겼어요! 들리세요? 제가 아빠가 됐다고요!"

그리하여 세계에서 가장 유명한 이탈리아 이야기인 제페토와 피노키오의 모험이 시작된다. 열심히 공부하기는 싫고 삶의 즐거운 일들을 찾아 나서고 싶은 마음만 굴뚝같은 말썽꾸러기 꼭두각시의 모험 말이다. 그 호기심이 어느 정도였는가 하면 만지아푸오코의 마차를 따라가기 위해 피노키오는 학교를 떠난다. 거기서부터 착한 요정, 위험한 악당, 나쁜 일행, 말하는 참치, 탐욕스러운 당나귀 조련사와 아무리 먹어도 지칠 줄 모르는 고래들을 만나며 온갖 격변을 겪는다. 그 배경에는 멀리서도 서로를 계속 찾으며 모든 것을 이겨내는 사랑으로 연결된 아버지와 아들의 모습이 비춰진다.

여러 버전으로 영화화된 콜로디의 작품 중 원작에 가장 충실하다. 잔혹한 행위의 묘사, 극심한 가난을 포함하여 원작 소설의 어두운 분위기와 풍자적인 어조를 잘 표현했다. 영화는 각 장면마다 탄성을 자아낼 수밖에 없는 사실적이고 공상적인 세계를 만들어냄으로써 눈으로 즐기는 눈부신 광경을 선사한다.

이 영화의 관람포인트

1 유명한 고전을 원작의 분위기와 등장인물에 충실하면서 색다른 형태로 보여준다.

2 〈피노키오〉는 '낯선 사람을 조심하고, 사랑하는 사람의 믿음을 저버리지 말며, 무슨 일을 해내려면 부단히 노력해야 한다'는 중요한 교훈을 준다.

3 꿈, 판타지, 마법을 섞어 아이부터 어른까지 사로잡을 수밖에 없는 영화이다.

영화로운 비하인드

★ 〈피노키오〉는 고난이도 분장 효과를 위해 조각하거나 찍어내거나 주조한 의족 등을 활용하는 보철 분장 덕분에 그래픽 컴퓨터로 제작되지 않았다. 배우 페데리코 예라피는 촬영장에 가기 전에 네 시간에 걸친 분장을 받아야 했다.

★ 가로네 감독에게 장난감 마을에서의 장면들은 촬영하기가 무척 어려웠다. 세트장에 있는 수십 명의 아이들이 서로 싸울 때가 많았기 때문이다!

★ 영화의 다양한 등장인물을 만들어내는 데에는 중요한 캐릭터 디자인 작업이 뒷받침되어야 했다. 캐릭터 디자인은 등장인물의 용모, 표정, 행동 그리고 의상을 정하기 위해 스케치 등으로 초안을 만들어 설계를 진행하는 일이다.

스피벳: 천재 발명가의 기묘한 여행

★ ★ ★

감독 **장 피에르 주네** 배우 **카일 캐틀렛, 헬레나 본햄 카터**

12세 관람가, 2013, 프랑스, 캐나다

스피벳 가족이 살고 있는 집은 막내 T.S. 만 빼고 모두가 잠들었다. 그는 커다란 가방을 손에 들고 들키지 않게 조심조심 계단을 내려온다. 쌍둥이 형 레이튼의 텅 빈 방에 대고 인사를 한다. "잠시 워싱턴에 다녀올게…. 형 기념품도 사올게." 미소 띤 얼굴이 어느새 슬픈 표정으로 변한다. "내가 했던 행동들은 미안해." 그는 애써 눈물을 꾹 참는다. 그리고서 부모님께 편지를 남기고 문 밖으로 빠져나간다. 무거운 가방 때문에 뒤뚱거리며 철로를 따라 걸어간다. 이렇게 T.S.가 살고 있는 몬타나 목장에서부터 워싱턴 D.C.까지의 놀라운 대륙횡단 여행이 시작된다. 그는 거기서 영구적으로 움직이는 기계를 발명한 일에 대해 스미소니언협회에서 수여하는 명예로운 상을 받을 것이다. 사실 T.S.는 이제 열 살이 된 고독한 꼬마 천재로, 과학과 지도 제작을 특히나 좋아한다. 다소 독특한 그의 가족은 가슴을 짓누르는 고통을 안고 있는데 그것은 바로 쌍둥이 형의 느닷없는 죽음이다. T.S.는 그 사고의 증인이었고 어쩌면 본의 아닌 원인 제공자였을지도 모른다. 꼬마 T.S.의 여행에는 기묘한 인물들과 아메리카 대륙의 상징적인 장소들이 번갈아 등장하는데 어찌나 많은 장애물들이 도사리고 있는지 여행은 곧 오디세이 같은 조난 이야기로 변모한다.

〈스피벳: 천재 발명가의 기묘한 여행〉은 범상치 않은 두뇌를 가졌지만 그 속에 사랑과 관심이 필요한 평범한 어린 아이의 연약함을 품은 소년의 이야기이다. 온 가족이 함께 즐길 수 있는 눈부시게 아름답고 서글픈 동화이기도 하다.

이 영화의 관람포인트

1. 애도, 죄책감, 가족 안팎에서의 자기 부적절감과 같은 중요한 주제를 가볍고 섬세한 어조로 다룬다.
2. 이야기의 행간에서 오늘날 만연한 성공 신화에 대한 날카로운 비판을 읽을 수 있다.
3. 공상과 창조본능에 대한 사랑의 맹세 같은 영화다.

영화로운 비하인드

★ 영화에 영감을 준 작품은 주인공의 지도와 그림으로 가득한 미국 작가 레이프 라슨의 소설 『스피벳』이다.

★ 영화에서 몇 가지 오류를 확인할 수 있다. 예를 들어 기차가 네브래스카에서 시카고로 출발할 때 산들이 배경에 보이는데 원래 그 구간에는 산이 없다.

★ 이 영화는 고전적인 로드무비의 특징을 띤다. 다시 말해 여행을 중심 주제로 하는 영화 장르이다.

"물방울의 가장 놀라운 점은
항상 저항이 가장 적은 곳으로 흐른다는 것이다.
인간은 정반대다."

생존 투쟁

가버나움

★ ★ ★

감독 나딘 라바키 배우 자인 알 라피아, 카우사르 알 하다드
15세 관람가, 2018, 레바논, 미국

자인의 나이는 대략 열두 살이다. 정확히 아는 사람은 아무도 없다. 그는 지금 법정에서 판사 앞에 서 있다. 한 남자를 칼로 찌른 죄로 5년의 형을 치러야 한다. 하지만 그가 여기 온 이유는 따로 있다. "저는 이곳에 저의 부모를 고소하러 왔습니다. 저를 이 세상에 태어나게 한 죄로요." 분노로 부들거리는 입술로 그는 말한다. 여기, 레바논의 수도 베이루트는 폭격으로 초토화된 건물 사이로 먼지 가득한 길들이 복잡하게 얽혀 있다. 떠돌이 소년 무리가 전쟁놀이를 하고 있고 그중에 자인도 있다. 시야는 점점 멀어져 어수선한 시멘트 산처럼 보이는 도시 전체로 확장된다. 그리고 이러한 황량한 배경 위에 영화 제목, 〈가버나움〉이 나타난다. 이건 우연이 아니다. 가버나움은 성경에서 예수가 자신의 가르침을 따르지 않는다고 저주했던 마을이다. 그때부터 프랑스어로는 이 표현이 혼돈, 무질서, 지옥을 뜻하는 단어로 사용되고 있다.

이는 플래시백 형태로 전개되는 이야기에서 자인이 겪어야 할 지옥과도 같다. 지독하게 가난한 가정에서 태어난 그는 여동생을 유난히 아꼈지만 부모는 돈 뭉텅이를 받고 그녀를 늙은 남자의 신부로 줘버렸다. 바로 이 사건이 자인의 분노를 폭발하게 하는 불씨가 된다. 그는 어른들의 잔인함, 어리석은 전쟁, 냉혹한 체계, 부패하거나 자격 미달인 정부의 파렴치한 정책으로 값비싼 대가를 치르도록 강요당한, 자신과 같은 처지인 아이들의 고통을 직면하면서 자신이 그들의 수단으로 살고 있음을 깨닫는다.

이 시대를 살아가는 우리에게 꼭 필요한 영화로, 빼앗긴 유년시절과 생존을 위한 아이들의 처절한 싸움을 그리면서 현실을 결코 축소시키지 않는 작품이다.

이 영화의 관람포인트

1 진정한 영웅들처럼 강인한 자인과 함께 울고 아파하며 그를 응원하게 되는 영화이다.
2 매우 감명 깊고 시적인 영화로 냉소와 연민, 분노가 위대한 작품들에서만 볼 수 있는 것처럼 균형 있게 섞여 있다.
3 사랑과 박애는 종종 가장 절망적인 상황에서 피어난다는 점을 이해할 수 있다.

영화 속 비하인드

★ 주인공 자인 알 라피아는 레바논으로 피난한 시리아 난민이며 이 영화가 그의 첫 번째 연기 경험이다. 현재 노르웨이에서 부모님과 함께 살고 있으며 영화 촬영 후에야 글을 읽고 쓰는 법을 배웠다.

★ 이 영화는 자인을 비롯하여 촬영에 참여한, 극단적인 조건 속에서 생활하던 다른 아이들에게 도움을 주었다. 라바키 감독과 모우자나르 제작자는 그들이 더 나은 삶을 누리도록 장학재단을 설립했다.

★ 이야기는 아주 긴 플래시백 형태로 소개된다. 이것은 영화의 현시점 이전에 일어난 사건을 보여주기 위해 과거로 돌아가 이야기를 전개하는 방법이다. 문학에서 이런 이야기 진행 방식은 후술법(회상 혹은 아날렙시스)이라고 한다.

플로리다 프로젝트

★ ★ ★

감독 **션 베이커** 배우 **브루클린 프린스, 브리아 비나이트, 윌렘 대포**
15세 관람가, 2017, 미국

한 남자아이가 콘도미니엄 같이 생긴 다채로운 건물로 달려가 외친다. "무니! 스쿠티!" 화려한 벽 뒤에 숨은 둘은 한 목소리로 대답한다. "무슨 일이야?" 소년은 그들이 있는 곳으로 다가와 소리친다. "퓨쳐에 새로운 손님이 있어!" 모두 기뻐서 방방 뛴다.

퓨쳐는 이들이 살고 있는 모텔 이름이고 세 아이는 아래에 주차된 자동차를 엿보기 위해 발코니 중 하나에 숨는다. 자동차 주인은 이를 눈치 채고 그들에게 욕을 한다. 무니와 두 친구는 굴하지 않고 욕설과 거만한 태도로 받아치며 아주머니의 딸에게 침까지 뱉는다. 이제 모텔 매니저를 찾아가 항의하는 방법 밖에 없다. 그리고 그 매니저는 다시 무니의 엄마 핼리의 방에 찾아가 문을 두드린다. 온 몸에 문신이 가득한 핼리는 딸을 돌보는 일에 소홀해 보이는 여자다.

아이들의 말썽은 지구에서 가장 행복한 디즈니월드 바로 옆에서 그곳과는 전혀 다른 하루하루를 보내며 경험하는 따분함으로 인한 것이다. 그들에게 그곳은 닫혀 있는 세계이기 때문이다. 죽은 물고기를 수영장에 넣어보거나 단지 무슨 일이 일어나는지 보려고 모텔 전체에 전기를 끊어버리는 일처럼 무니는 어떻게 해서든 재미있는 일을 만들어보려고 한다.

줄거리를 읽는 것만으로 이 영화가 얼마나 훌륭한지 이해하기는 어려울 것이다. 작은 부분들과 소소한 감정들이 완벽하게 어우러져 웅장한 그림을 이루는 이야기이기 때문이다. 등장인물들의 일상을 굉장히 솔직하게 묘사해서 관객의 피부에 스며들어 결코 잊어버릴 수가 없는 작품이다.

이 영화의 관람포인트

1. 상상력이 삶의 불행을 견딜 수 있는 훌륭한 필터임을 보여준다.
2. 눈부신 아메리칸 드림 뒤에 숨겨진 어두운 이면을 발견하도록 우리를 이끈다.
3. 영화계에서 가장 사랑스러운 말썽꾸러기 중 한 명을 만날 수 있는 작품이다.

영화로운 비하인드

★ 〈플로리다 프로젝트〉라는 영화 제목은 디즈니월드의 기획 단계에서 붙여진 이름이었다.

★ 영화에 등장하는 화려한 모텔 배경은 그 입주민들과 그곳에서 일하는 직원들처럼 실재하는 것이다.

★ 영화의 마지막 장면은 아이폰을 사용하여 몰래 촬영했다. 이는 게릴라 필름메이킹의 예로 어떤 예고도 없이, 사전 촬영 허가를 받지 않고 빠르게 진행하는 촬영을 특징으로 하는 영화 제작방법이다.

품행

★ ★ ★

감독 에르네스토 다라나스 배우 알리나 로드리게즈, 아르만도 미구엘 고메즈, 미리엘 세자스
12세 관람가, 2014, 쿠바

우리는 지금 쿠바의 수도, 오늘날의 아바나에 와 있다. 학교 마당에서 열한 살 소년 찰라는 선배와 병뚜껑과 실을 이용한 게임 실력을 겨룬다. 그는 이기고 게임에 건 돈을 요구하지만 선배는 거부한다. 하지만 찰라는 쉽게 포기하는 아이가 아니다. 끈질긴 사람이며 사정상 그럴 수밖에 없다. 그는 비둘기와 투견용 핏불을 기르며 번 돈으로 알코올과 약물에 중독된 어머니를 부양하고 있기 때문이다.

결국 게임에서 진 선배는 찰라에게 돈을 주지만 교실에 들어가기 전에 찰라가 짝사랑하는 여학생, 야니의 아버지를 모욕하는 말을 한다. 이는 오랫동안 쌓여왔던 소년의 분노를 촉발시키는 불씨가 된다. 찰라는 선배에게 덤벼들어 주먹을 날리며 단단히 혼내주고, 결국 학교에서 가망 없는 말썽꾸러기로 평가받는다. 유일한 보호자가 되어주던 연로한 교사 카르멜라가 심장질환으로 하필 자리를 비운 상황이라 임시 담임교사와 학교위원회에서는 그를 소년원으로 보내기로 결정한다. 하지만 카르멜라가 학교로 복귀하면서 그 결정은 무산된다.

엽서에 등장하는 춤과 노래, 눈부신 해변이 펼쳐진 아름다운 관광지가 아닌, 오늘날의 실제 쿠바를 살아가는 사람들을 보여주는 영화이다. 아직도 억압 아래 있는 것처럼 느끼는 민족이 점차 변화하기 위해 매일 저항성을 길러가는 모습을 그린 작품이다. 찰라와 카르멜라는 자유를 억압하는 체계에 대한 저항을 상징한다.

이 영화의 관람포인트

1 쿠바처럼 이미 빠른 속도로 변화 중인 사회를 묘사하며 다양한 모습을 지닌 한 나라의 모순적인 측면까지 그려냈다.

2 마땅히 받아야 할 보호 대신 책임감으로 짓눌린 아이가 또래보다 빨리 어른이 되면서 어떻게든 삶을 살아내는 모습에 감탄할 수 있는 작품이다.

3 누군가에게 붙은 꼬리표 뒤에는 훨씬 복잡한 이유와 감정들이 숨어 있음을 보여준다.

영화로운 비하인드

★ 영화에 등장하는 모든 아이들은 연기 경험이 한 번도 없었다고 한다.

★ 어린 배우들은 배역에 따라 권투, 수영, 춤 그리고 동물 돌보기 훈련을 받았다.

★ 촬영 감독은 에르네스토 감독과 상의한 뒤 거의 클로즈업에만 집중하여 이야기를 보여주기로 결정했다. 클로즈업은 사람의 얼굴부터 어깨까지 화면에 나오도록 하는 촬영 방법으로 등장인물의 감정과 미묘한 표정변화를 최대한 부각시키기 위해 사용한다.

더 헤이트 유 기브

★ ★ ★

감독 조지 틸만 주니어 배우 아만들라 스텐버그, 레지나 홀, 러셀 혼스비
12세 관람가, 2018, 미국

경찰차의 사이렌 소리가 열여섯 살 아프리카계 미국인 스타와 칼릴에게 차를 세우도록 명한다. 경찰이 다가와 면허와 자동차등록증을 요구한다. 칼릴은 다소 비협조적으로 군다. 신경이 곤두선 경찰은 그를 차에서 내리게 한다. 그리고 몸수색을 하며 혹시 마약을 찾아 돌아다니는 중이냐고 묻고서 서류를 찾기 위해 자동차 내부를 들여다본다. 그동안 칼릴은 스타와 장난치며 그녀를 안심시키려 한다. 창문으로 얼굴을 내밀고 좌석에서 주운 빗으로 머리를 빗는다. 깊은 밤이 드리운 그 순간 총성이 울린다. 연이어 두 번 더 들린다. 스타는 목이 터져라 소리를 지른다. 자신의 친구가 피가 흥건한 채 바닥에 쓰러져 있다. 이유 없이 살해당한 것이다.

이 사건은 가든 하이츠 흑인 공동체와 특히 미디어의 열기에 갑자기 휩쓸리게 된 스타를 송두리째 흔들어놓는다. 그녀는 곧 외상 후 스트레스 장애를 앓기 시작하고 학교 복도를 유령처럼 떠돌아다닌다. 사건이 조명되는 것을 경찰이 두려워한다는 사실이 밝혀지자 거리는 시위 인파로 점령당하고 스타의 집 주위는 게릴라전이 펼쳐지는 무대로 변모한다. 그날 밤 도대체 무슨 일이 일어난 걸까? 이에 대답할 수 있는 유일한 사람은 스타뿐이다. 그녀의 증언은 경찰 뿐 아니라 칼릴이 함께 일하기 시작했던 마약조직 두목도 긴장하게 만든다.

인종 차별에 대한 영화이기 전에 〈더 헤이트 유 기브〉는 평범한 소녀가 자신의 정체성을 찾고 예상치 못한 내면의 어떤 힘을 발견하는 이야기이다. 비극이 남긴 잿더미 사이로 희망의 꽃이 싹을 틔운다.

이 영화의 관람포인트

1 인종 차별로 인한 상처를 손으로 직접 만져보듯 실감나게 묘사했다.

2 분노와 사회적 충돌이라는 배경 속에서 '성장'이란 주제를 자신만의 색깔로 그려냈다.

3 작가들은 관객이 자신의 목소리를 내기 위해 싸우고 괴로워하는 주인공들에게 쉽게 이입될 수 있도록 완벽한 장치를 구성해놓았다.

영화로운 비하인드

★ 각본가 오드리 웰스는 영화 개봉을 하루 앞두고 암으로 세상을 떠났다.

★ 영화와 앤지 토마스의 소설 제목은 바로 래퍼 투팍 샤커의 좌우명을 가리킨다. THUG LIFE(불량배의 삶)는 'The Hate U Give Little Infants Fucks Everybody'의 앞 글자를 딴 것으로 '당신이 아이들에게 심어주는 분노가 우리 모두를 망가뜨린다'를 의미한다.

★ 시위 장면에서 감독은 위에서 촬영한 군중을 보여주다 점점 주인공들에게 다가간다. 이를 위해 레일 위에 바퀴 달린 이동식 촬영장비인 돌리를 설치했다. 그 위엔 위 아래로 움직일 수 있는 기중기 형태의 크레인이 달려 있다.

아임 낫 스케어드

★ ★ ★

감독 가브리엘 살바토레　배우 쥬세페 크리스티아노, 디노 아브레시아, 디에고 아바탄투오노
12세 관람가, 2003, 이탈리아

미켈레는 황금빛으로 물든 밀밭 사이로 달려간다. 그는 1970년대 말 이탈리아 남부의 무더운 여름을 가로지른다. 여동생의 안경을 찾기 위해 빛나는 밭을 가로질러 농장 폐가들이 모인 곳에 도착한다. 그곳에서 잃어버린 것이 틀림없다. 그리고 거기서 바닥에 아무렇게나 놓여진 슬레이트 지붕을 발견한다. 무언가를 숨기고 있는 것 같아 보인다. 지붕을 들어올린다. 깊은 구렁텅이에서 한줄기 바람이 그의 얼굴 쪽으로 불어온다. 미켈레는 미소 짓는다. "금과 보석으로 가득 찬 동굴일거야." 빛이 조금씩 어두움을 걷어내는 동안 그는 속삭인다. 그런데 그 구덩이 끝에는 보물 대신 소년을 겁에 질리게 하는 무언가가 있다. 미켈레는 소스라치게 놀라 지붕을 떨어뜨리고 도망가 버린다. 찢어진 담요 사이로 다리 일부가 빠져나와 있었다. 똑똑히 봤다. 미켈레는 그가 발견한 것을 아무에게도 말하지 않는다. 그리고 그 곳으로 다시 돌아가 구덩이 속에 족쇄에 묶인 필리포라는 소년이 갇혀 있음을 알게 된다. 뉴스를 통해 그가 납치됐다는 소식을 접한다. 필리포가 그의 비밀이 되면서 미켈레는 그를 자주 찾아가 먹을 빵을 가져다준다. 미켈레는 필리포를 자신의 진짜 보물처럼 대한다. 하지만 여름은 곧 미켈레에게 또 다른 떠들썩하고 놀라운 일들을 가져다 줄 것이다.

스릴러의 줄거리에 아이의 눈을 통해 바라본 일상, 모호함, 비밀로 풍성함을 더했다. 영화는 여름날의 분위기를 충분히 즐기도록, 천천히 이야기의 절정을 향해 흘러간다. 그동안 미켈레의 비밀은 그의 내면과 주변에서 자라난다. 〈아임 낫 스케어드〉는 우리가 더 이상 어린 아이가 아니라는 사실과 스스로의 결정을 믿어야 할 때가 왔음을 깨닫게 되는 그해 여름에 대한 이야기이다.

이 영화의 관람포인트

1 유년기의 마지막 날들을 담은 감동적인 그림을 선사한다.

2 미켈레가 구덩이로 내려간 일은 우리의 두려움이 자리한 깊은 구덩이로 내려가는 것을 상징한다.

3 스티븐 킹에 견줄 만하다는 평을 들을 만큼 2000년대에 발표된 가장 중요한 이탈리아 영화 중 하나로, 그 이야기를 따라 가볼 만한 가치가 있다.

영화토론 비하인드

★ 이 영화는 밀라노에서 실제로 납치된 소년의 실화에서 영감을 받은 니콜로 암마니티의 동명 원작 소설을 토대로 만들어졌다.

★ 살바토레 감독은 미켈레 배역을 위해 거의 600명의 오디션을 봤고, 마침내 쥬세페 크리스티아노가 발탁되었다. 그는 이탈리아를 대표하는 자동차 제조사, 피아트 멜피 공장에서 일하는 기술자의 아들이다.

★ 영화는 주로 아이의 시선으로 전개되기 때문에 프레임이 종종 어린 주인공의 눈높이에 위치한다. 프레이밍은 우리가 스크린으로 보는 화면의 구성을 결정한다.

"네가 이중에서 최악이야….
스스로 생각하려 하기 때문이지."

자전거 도둑

★ ★ ★

감독 비토리오 데 시카 배우 람베르토 마지오라니, 엔조 스타이올라
12세 관람가, 1948, 이탈리아

1948년 로마. 안토니오 리치는 지금 아주 행복하다. 몇 년간 실직한 상태였다가 오늘은 새로운 직장으로 첫 출근을 하는 날이기 때문이다. 그는 도시 벽면에 커다란 광고 포스터를 붙이는 일을 한다. 지금은 아름다운 미국 여배우가 그려진 두 장짜리 광고를 붙이고 있다. 자전거는 그가 타고 올라간 사다리 아래에 세워져 있다. 근처에 주차된 차량 뒤에 어떤 남자가 숨어서 그의 움직임을 엿보고 있다. 안토니오가 등지고 있는 사이 젊은 청년이 인도로 돌진해서 빛의 속도로 자전거를 낚아챈다. "도둑이야, 도둑이야!" 안토니오는 외친다. 재빠르게 사다리에서 내려와 그의 뒤를 쫓는다. 하지만 소용없다. 안토니오는 광고 포스터를 마저 붙이고 절망한 채 계단에 앉아 겨우 눈물을 참는다. 도시에서 이동할 수 있는, 그러니까 일을 할 수 있는 유일한 수단을 잃어버린 것이다. 그리하여 파란만장한 자전거 되찾기가 시작된다. 경찰은 그를 도와주려 하지 않기 때문에 아내가 전당포에서 이불까지 잡혀가며 마련한 자전거를 되찾으려면 혼자 방법을 강구해야 한다. 이 어려운 임무를 함께 할 사람은 그의 어린 아들 브루노다. 그는 이제 막 제2차 세계대전에서 벗어나 극심한 가난에 빠진 도시의 산 증인이다.

〈자전거 도둑〉은 시대를 통틀어 가장 중요한 영화 중 하나이다. 빈약한 줄거리, 거리에서 캐스팅한 배우들이지만 우화만큼 강한 힘을 지니고 있다. 주인공 안토니오의 불안한 표정과 아들 브루노의 흔들거리는 걸음걸이는 '모두가 모두의 적'인, 동물적 생존본능만이 지배하는 황폐화된 사회를 상징한다.

이 영화의 관람포인트

1. 자전거를 찾아 나선 두 주인공을 따라가다 보면, 전쟁 직후 이탈리아에서 산다는 것이 어떤 의미인지 실감하게 된다.
2. 절망과 굶주림이 인간을 얼마나 악하게 만드는지 잘 보여준다.
3. 때로는 둘의 역할이 뒤바뀌어 어린 아이가 아버지를 돌보아야 하는, 애정 어린 부자 관계를 그려냈다.

영화로운 비하인드

★ 비토리오 데 시카 감독은 브루노 역할의 아역 배우를 촬영 중 우연히 찾았다고 한다. 그는 지쳐서 군중을 향해 고개를 돌렸는데 그때 아이를 보게 된 것이다.

★ 전문배우가 아니었던 브루노는 우는 연기를 위해 최루 성분을 묻힌 시험지를 눈 밑에 대고 있었다.

★ 군중이 등장하는 장면들은 감독이 행상인 사십 명을 직접 고용한 것을 포함하여 굉장히 꼼꼼하게 준비했다. 이러한 운영적인 측면들을 담당하는 사람은 조감독으로 핵심적인 역할을 한다. 감독과 함께 촬영장의 책임자이며 촬영 일정을 작성하고 영화를 만드는 전 과정을 추적하며 파악하고 있어야 한다.

모노스

★ ★ ★

감독 알레한드로 란데스　배우 소피아 부에나벤투라, 줄리안 기랄도, 카렌 킨테로
국내 관람등급 미분류, 2019, 콜롬비아

중남미 지역, 구름 위에 감춰진 산꼭대기 어딘가에 십대 청소년들로 구성된 '모노스'라는 반군부대가 살고 있다. 그들은 야생에서 생활하며 대장의 명령을 기다린다. 조각한 듯 다부진 몸을 가진 난쟁이 대장은 이따금씩 나타나 대원들에게 고도의 육체적, 정신적 훈련을 시키며 비품을 전달하고 새로운 소식을 보고받는다. "우리는 조직을 위해 일한다. 조직이 우리 가족이다." 대원들이 맹훈련을 받는 동안 그는 외친다. "너희들은 내 아들과 딸이다, 모노스… 너희는 원숭이다!" 그들의 임무는 '박사'라 불리는 이름 모를 미국인 여성 포로를 감시하는 것이다. 모노스 대원들도 포로와 마찬가지로 신분이 사라지고 '울프', '람보', '도그' 같은 전투명만 남았다. 황폐한 환경과 고된 일상, 조직 내부의 충돌, 이유 없는 폭력, 방탕한 생활이 그들의 존재를 지배하며 지울 수 없는 흉터를 남긴다. 그러던 어느 날 미국인 포로가 도주하면서 위태로웠던 이들의 균형은 완전히 깨지고 만다.

〈모노스〉는 느린 호흡과 의미로 가득한 정적에 주의 집중이 필요한 영화이다. 하지만 그 이야기에 흠뻑 빠질 준비가 된 사람은 진정한 예술 작품을 누렸다는 만족감으로 보상 받을 것이다. 『파리대왕』 같은 고전 문학에서 영감을 얻고 시공간적으로 붕 떠 있는 차원을 배경으로 하는 이야기는 현실(콜롬비아 내전)에서 시작하여 몽환적이고 디스토피아적으로 전개해나간다.

이 영화의 관람포인트

1. 세계 수많은 청소년들에게는 허락되지 않는 사춘기를 날 것 그대로 표현한 상징적인 이야기이다.
2. 관객에게 최면을 걸 듯 눈길을 사로잡는 장면들과 배경음악이 독보적이다.
3. "자신의 정체성을 찾고 있는, 평화라는 꿈이 아직은 약하고 불확실한 젊은 국가에 대한 이야기"라는 감독의 말처럼 이 영화는 정체성과 평화의 은유이다.

영화로운 비하인드

★ 배우 중 한 명은 실제로 FARC(콜롬비아 무장 혁명군) 소속 군인이었다. 감독은 그에게 연기를 시켜야겠다고 결정하기 전에 그를 자문위원으로 삼으려고 접촉했다.

★ 정글을 배경으로 한 장면들은 얼마나 야생 깊은 곳에서 촬영했는지 제작진은 음식과 장비들을 노새에 실어 옮기고 군용 텐트에서 잠을 자야 했다.

★ 감독은 한 번도 나이트 이펙트를 사용하지 않고 야간 촬영을 실제로 진행했다. 나이트 이펙트란 대낮에 촬영한 장면도 카메라 앞에 끼운 컬러 필터 덕에 밤처럼 보이게 하는 기술을 말한다.

페르세폴리스

★ ★ ★

감독 **마르잔 사트라피, 뱅상 파로노드**
배우(목소리) **키아라 마스트로얀니, 까뜨린느 드뇌브, 다니엘 다리유, 시몬 압카리언**
12세 관람가, 2007, 프랑스, 미국

파리 오를리 공항은 오고가는 승객들로 여전히 북적인다. 이들 중에는 빨간 코트를 입은 여자가 있다. 그녀는 테헤란이란 단어를 찾을 때까지 모니터의 비행 시간표를 본다. 실망과 분노가 뒤섞인 표정이다. 잠시 후 여자는 화장실에서 머리를 가리기 위해 검은 스카프를 두른다. 체크인 카운터에서 비행기 표와 여권을 요구한다. 그녀는 대답 없이 시선을 아래로 떨군다. 우리는 그녀의 마음 상태를 짐작할 수 있다. 그곳에 있고 싶지 않은 것이다. 탑승을 기다리는 동안 담배를 피고 있는데 어린 여자아이가 옆을 지나간다. 만화의 그림들이 빛깔을 잃어버린다. 이제 과거로 돌아가 보자. 그 꼬마는 바로 수년 전의 그녀 자신이다.

〈페르세폴리스〉는 마르잔 사트라피가 동명 그래픽 노블에서도 소개한 약 25년간의 자전적 이야기이다. 저자는 이란에서 여자로 산다는 것이 무엇을 의미하는지, 성장하며 자기 나라를 발견하는 한 소녀의 시선을 통해 들려준다. 그 나라 국민들이 혁명을 일으키는 동안 말이다. 마르잔은 이민을 갈 수밖에 없을 것이다. 몹시 고통스러워하며 자신의 뿌리를 부인할 것이다. 그리고 마침내 훌륭한 일러스트레이터가 되는 자신의 꿈을 이룰 것이다.

〈페르세폴리스〉는 중요한 주제를 다루는 줄거리로 보나, 화면에 깊이를 더해주는 깨끗한 선과 순수한 흑백 화면으로 더욱 특별해진 시각적인 작품성으로 보나 영화 역사상 가장 아름다운 애니메이션 중 하나로, 모순으로 가득한 영화이다. 비록 종교의 이름으로 행하는 부조리와 극악무도한 행위를 기억하게끔 만드는 강인하고 용감한 정신을 숨기고 있지만 말이다.

이 영화의 관람포인트

1 가장 힘든 싸움인 '모든 일에도 불구하고 스스로에게 정직하고 언행이 일치하는 사람이 될 것'에 대해 이야기한다.

2 기억, 뿌리, 가족사, 정체성의 형성이란 가치를 중요하게 여기는 작품이다.

3 우리에게 생소한 나라인 이란의 사회적 지위를 솔직하게 보여줌으로써 무대 뒤 이야기를 가장 효과적으로 들려준다.

영화로운 비하인드

★ 마르잔의 어머니 목소리 역의 까뜨린느 드뇌브와 마르잔 목소리 역의 키아라 마스트로얀니는 실제 모녀 관계이다.

★ 이란 정부는 테헤란에 있는 프랑스 대사관에 이 영화에 항의하는 편지를 보냈고 모든 국제 영화제 주최 측에 출품하지 못하도록 압력을 행사했다.

★ 이 영화의 애니메이션은 실루엣을 자주 사용한다. 이는 사진에서 유래된 기술인데 디테일이 없는 어두운 형태를 띠는 것으로 빛나는 배경에서 더 돋보인다.

브레드위너

★ ★ ★

감독 **노라 트메이** 배우(목소리) **사라 초드리, 라라 새디크, 샤이스타 라티프**
12세 관람가, 2017, 아일랜드, 캐나다

밖에서 문을 두드리는 소리가 들린다. 분명 좋은 징조는 아니다. 누룰라는 걱정스런 눈빛이다. 잠시 후 무장한 남자 세 명이 집에 침입한다. 어린 탈레반 병사 이드리스가 문지방에서 서서 가리키며 소리친다. "저 사람이에요! 저자가 바로 이슬람의 적이에요." 그들은 이 이야기의 배경이 되는 카불을 점령한 탈레반, 즉 이슬람에서 성서나 교리에 충실하자며 종교 운동을 벌이는 근본주의자들이다. "금지된 도서를 가지고 있고 그것들로 여자들을 가르쳐요." 변명하려는 시도는 아무 소용이 없다. 군인들은 누룰라를 붙들어 강제로 끌고 간다.

누룰라의 딸 파르바나는 절망한다. 그녀의 마음속에 늘 이야기를 들려주는 것의 중요성을 심어주려 애쓴 아빠가 너무나 그리울 것이다. 외부 세계의 공포들로부터 딸의 시선을 돌리기 위해서도, 변화를 위한 강한 원동력으로써도 말이다. 하지만 이제 말로는 충분하지 않다. 파르바나는 뭐라도 만들어내야 한다. 여자들에게 음식을 사러 외출을 하는 행위를 포함하여 모든 것이 금지된 나라에서 가족이 스스로를 지켜내야 하기 때문이다. 그리고 이제는 집에 남자가 없다. 그렇게 파르바나는 남자로 변장하여 아버지를 다시 집으로 모셔오기 위해 무슨 일이든 시도해볼 것이다. 그녀가 어릴 적에 아프가니스탄의 문화와 아름다움을 알려주기 위해 아빠가 들려주시던 이야기들에서 힘을 얻으면서 말이다.

데보라 엘리스의 동명 원작 소설을 기반으로 만들어진 이 영화는, 젊은 여걸이 지혜와 용기로만 무장하여 역경에 맞서면서 관객들의 마음을 사로잡는다. 영화 중간 중간에 등장하는 코끼리 왕 이야기가 파르바나의 모험과 대비되면서 시각적으로 매우 깊은 인상을 남긴다.

이 영화의 관람포인트

1 이 세계 많은 아이들의 현실과 크게 다르지 않은, 매일의 생존 이야기로 우리의 심장을 흔들어놓고 상상력에 불을 지핀다.
2 폭력 앞에서 이야기의 힘이 어떻게 위로가 되고 고통을 완화시키는지를 보여준다.
3 영상을 위해 쓰인 한 편의 시처럼 수준 높은 애니메이션이다.

사라 초드리가 들려주는 이야기

파르바나 배역을 맡기 위한 오디션을 준비할 때였다. 엄마와 할머니가 발견한, 증조부의 증조부께서 보관하고 계시던 오래된 신문 기사 덕분에 나는 증조부의 증조부께서 아프가니스탄 사람이었고 낙타를 타고 남아프리카(어머니의 고향)로 이주했음을 알게 되었다. 남아프리카에서는 사람들에게 아프가니스탄에서 가져온 자기 낙타를 구경하라고 홍보하면서 돈을 버셨다. 그 시절에는 남아프리카에 낙타가 없었기 때문이다. 이러한 발견 덕분에 나는 주인공을 훨씬 가깝게 느꼈다.

비스트

★ ★ ★

감독 **벤 제틀린** 배우 **쿠벤자네 왈리스, 드와이트 헨리, 레비 이스털리**

12세 관람가, 2012, 미국

여섯 살 소녀 허쉬파피는 야생에 자리 잡은 판잣집에서 혼자 살고 있다. 아버지 윈키가 사는 오두막은 바로 맞은편에 있는데 그가 식사를 준비할 때 종이 달린 밧줄을 흔들어 그녀를 부른다. 그들은 육지에서 떨어진, '욕조'라는 작은 섬에서 살고 있다. 지구 온난화로 더욱더 불어난 물에 둘러쌓여 수몰되기 직전인 작은 행성 같은 섬으로, 그들의 작은 공동체 '바유'는 루이지애나 주에 자리한 황폐하고 빈곤한 이 땅에서 살아남기 위해 고군분투한다. 늪 한가운데를 떠다니는 판자 위에서 윈키는 딸에게 말한다. "저기 멀리 보이는 곳은 참 쓰레기 같지?" 그는 산업 도시를 가리키며 말한다. "우리가 사는 곳은 지구에서 가장 아름다운 곳이야." 불굴의 정신을 가진 꼬마 허쉬파피는 특별한 상상력으로 죽은 엄마 외에도 우주의 균형이 무너지면 깨어난다는 선사시대의 위험하고 거대한 동물인 오록스를 '본다'. 그러던 어느 날 허리케인이 유발한 수면 상승으로 집이 잠길 위기에 처한다. 연이어 또 다른 파국이 소녀의 삶을 덮치고 만다. 심각한 병에 걸린 아버지는 자기 없이 살아가도록 딸을 준비시켜야 함을 직감한다. 허쉬파피는 혼자 세상을 살아내는 법을 배워야 할 것이다.

이 영화는 두말할 것 없이 완벽한 걸작이다. 현실과 환상, 신화와 동화 사이에 미묘한 균형을 이루는 공상 영화이다. 복잡하게 얽힌 줄거리를 따라가기가 쉽지는 않지만 이 분야에서는 독보적인 이야기로 관객의 눈과 마음을 모두 만족시키는 작품이다.

이 영화의 관람포인트

1 인생에서 운명은 우리가 견딜 만한 것들을 예비해둔다는 점을 아름답고 일관성 있게 보여준다.

2 생존 분투기와 함께 어우러져, 성장과 어른으로 넘어가는 과정에 대해 매우 독창적으로 표현했다.

3 영화 역사에서 흔히 볼 수 없는, 자연의 진정한 힘을 대변하는 뛰어난 상상력과 카리스마를 지닌 주인공을 만나게 된다.

영화로운 비하인드

★ 쿠벤자네 왈리스는 4000:1의 경쟁률을 뚫고 아홉 살에 역사상 가장 젊은 오스카 후보에 올랐다.

★ 아버지 역할의 배우 드와이트 헨리는 감독이 캐스팅을 진행하던 장소 맞은편에 빵집을 운영하고 있었다. 그래서 그도 한 번 오디션을 보게 했더니 굉장히 잘 해냈다. 하지만 두 번째 오디션을 위해 그를 부르자 그와 가게는 사라지고 없었다. 2주 만에 그를 다시 찾았을 때 헨리는 사업을 다른 사람에게 양도한 상태였다.

★ 콜백(call back)이란 두 번째 오디션(최종 오디션일 경우가 많다)을 보기 위해 어떤 배우를 다시 부르는 캐스팅의 과정이다.

"한 부분이 망가지면,
그것이 제일 작은 부분이라도
우주 전체가 망가져."

구두닦이

★ ★ ★

감독 **비토리오 데 시카** 배우 **프랑코 인테르렝기, 리날도 스모르도니, 마리아 캄피**

국내 관람등급 미분류, 1946, 이탈리아

파스콸레와 주세페는 세상에서 가장 빠르다고 생각하는 말, 브리가디에레를 쓰다듬고 있다. 잠시 후 그 말의 주인처럼 보이는 아누치 아저씨가 등장한다. 두 소년 중 나이가 많은 파스콸레가 묻는다. "저희의 제안은 생각해보셨나요?" "5만 리라 아니면 난 팔 생각 없다." 남자는 대답한다. 둘은 실망한 채 그 곳을 떠난다. 그리고 파스콸레는 주세페에게 말한다. "우리가 구두닦이라는 이유로 사람들은 떼돈을 버는 줄 안다니까." 하지만 두 소년은 결국 브리가디에레를 데려오기 위해 아누치 아저씨가 요구한 액수를 지불했다. 파스콸레와 주세페는 구두닦이이다. 그리고 그들에게 5만 리라는 어마어마한 금액이다. 하지만 꿈을 이룰 수만 있다면 그럴 가치가 있다. 전쟁이 끝난 지 얼마 되지 않았고 두 소년은 길에서 생활하며 누구의 도움도 없이 스스로를 돌봐야 한다. 그 와중에 주세페의 형이 그들을 나쁜 일에 끌어들이고 둘은 소년원에 가게 된다. 가난 속에서도 굳건했던 그들의 우정은 그 끔찍한 곳에서 날이 갈수록 부서져 버린다. 그리고 마침내 둘 중 한 명은 도망가기로 결심한다. 여기서부터 여러 사건들이 터지면서 두 소년을 비극적인 결말로 데리고 간다.

〈구두닦이〉는 시대를 초월한 걸작이다. 제2차 세계대전으로 황폐화된 사회의 초상으로, 희망은 소멸되고 잔해 더미 사이에서 다시 일어서기란 젊은이들과 가난한 이들에게 특히나 어려운 과제이다. 데 시카 감독은 사실적인 현실 묘사로 차별화된, 이탈리아식 네오리얼리즘을 대표하는 작품을 만들었다.

이 영화의 관람포인트

1 두 불운한 주인공들의 모험을 따라가도록 만드는 인간미가 있다.

2 우정은 항상 가꾸고 보호해야 하는 것임을 보여준다.

3 우리의 역사를 돌아보며 전쟁 직후의 생활이 어떠했는지를 아주 가까이서 볼 수 있다.

영화로운 비하인드

★ 영화의 원제목(Sciuscia)은 구두닦이라는 직업을 가리킨다. Sciuscia(슈샤)는 영어 단어 shoe-shiner가 나폴리 사투리에서 변형되어 나온 말이다.

★ 말을 구입하기 위해 구두를 닦는 부랑아들의 이야기는 실화이다. 비토리오 데 시카 감독은 주간지 『오늘의 영화』를 위해 두 주인공들을 인터뷰하면서 이 이야기를 알게 되었다.

★ 첫 번째 장면에서 파스콸레와 주세페는 각자 말을 타고 달리는데 감독은 속도감과 리듬감을 살리기 위해 카메라 카로 이들을 따라갔다. 이는 자동차 위에 카메라를 장착해서 촬영하는 방법이다.

감사의 글

★ ★ ★

우선 자신의 영화에 대한 견해를 제게 선물해준 예술가분들에게 감사를 전합니다.

이 책이 더욱 풍성해지도록 귀한 조언을 해주신 알바 로르워쳐, 라우라 루케티, 파비오 딘노첸조, 다리오 알베르티니, 이반 코트로네오, 실비오 무치노, 사라 초드리에게 감사드립니다.

파올로 비르지의 〈카테리나 인 더 빅 시티〉에 관련된 중요한 궁금증들을 찾을 수 있도록 기꺼이 도움을 준 에스테르 리고리에게 감사합니다. 근사한 그림들로 제 글에 생명을 불어넣어 준 알레산드로 벤트렐라에게 감사합니다. 시작 단계부터 이 프로젝트를 지지해주고 추가할 영화에 대해 아낌없는 조언을 준 마르타 마차에게 감사합니다. 뛰어난 솜씨와 열정으로 책의 다양한 시각적인 부분들을 하나로 엮어준 사라 시뇨리니에게 감사합니다. 이 책의 모든 페이지를 완벽하게 다듬어준 비올라 감바리니에게도 감사합니다.

책이 완성되기까지 몇 달 동안이나 저를 세심하게 이끌어주신 최고의 편집자, 사라 디 로사에게 큰 감사와 존경을 표합니다. 홍수같이 쏟아내는 저의 말들을 담아내는 데 결정적인 역할을 해주었고 일관된 어조를 유지하면서 초점을 잃지 않고 각각의 작품을 소개할 수 있도록 큰 도움을 주셨습니다.

만리오 카스타냐

영화에 영감을 준 책들

★ ★ ★

문학에 대한 영화의 사랑은 항상 지칠 줄 모르고 불타오릅니다. 처음부터 영화는 책에 묘사된 등장인물과 상황, 제목, 배경과 정서를 양분으로 삼으면서 '종이에 기록된 이야기'에서 착안했습니다. 여기서 제안하는 목록도 그 예시의 일부라고 볼 수 있습니다. 이 책에서 소개하는 영화들의 영감이 된 소설들, 다시 말해 '읽어야 할 영화'들을 전부 나열했습니다.

『A Bag of Marbles』, Joseph Joffo, Graphic Universe, 2013
『Coraline』, Neil Gaiman, Bloomsbury Publishing PLC, 2012
『Evil』, Jan Guillou, 1981
『Happy Hand』, Guilaume Laurant, SEUIL, 2006
『I Kill Giants』, Kelly Joe · J.M. Ken Niimura, Image Comics, 2014
『Nebel im August』, Robert Domes, cbt, 2008
『Submarine』, Joe Dunthorne, Penguin Books, 2019
『The Bears' Famous Invasion of Sicily』, Dino Buzzati, Alma Books, 2016
『We the Animals』, Justin Torres, Granta Books, 2013
『갇힌 하늘』, 크리스틴 뢰넨스, 박종윤 옮김, 열림원, 2014
『끝없는 이야기』, 미하엘 엔데, 허수경 옮김, 비룡소, 2003
『나와 친구 그리고 죽어가는 소녀』, 제시 앤드루스, 김보은 옮김, 한스미디어, 2016
『난 두렵지 않아』, 니콜로 암마니티, 윤병언 옮김, 시공사, 2014
『내 이름은 꾸제트』, 질 파리, 성귀수 옮김, 열림원, 2017
『당신이 남긴 증오』, 앤지 토마스, 공민희 옮김, 걷는나무, 2018
『마이티』, 로드먼 필브릭, 박아람 옮김, 오즈북스, 2005
『몬스터 콜스』, 패트릭 네스 · 시본 도우드, 홍한별 옮김, 웅진주니어, 2019
『브레드위너』, 데보라 엘리스, 권혁정 옮김, 나무처럼, 2017
『비밀의 숲 테라비시아』, 캐서린 패터슨, 김영선 옮김, 사파리, 2012
『스피벳』, 레이프 라슨, 조동섭 옮김, 비채, 2009

『아름다운 아이』 R.J. 팔라시오, 천미나 옮김, 책과콩나무, 2012
『여왕벌인 소녀 여왕벌이 되고 싶은 소녀』 로잘린드 와이즈먼, 강혜영 외 옮김, 시그마북스, 2015
『오만과 편견』 제인 오스틴, 전승희 · 윤지관 옮김, 민음사, 2003
『월플라워』 스티븐 크보스키, 권혁 옮김, 돋을새김, 2012
『위고 카브레』 브라이언 셀즈닉, 이은정 옮김, 뜰북, 2012
『작은 아씨들』 루이자 메이 올콧, 공보경 옮김, 윌북, 2019
『잘못은 우리 별에 있어』 존 그린, 김지원 옮김, 북폴리오, 2012
『존재의 세 가지 거짓말』 아고타 크리스토프, 용경식 옮김, 까치, 2014
『줄무늬 파자마를 입은 소년』 존 보인, 정회성 옮김, 비룡소, 2007
『책 도둑』 마커스 주삭, 정영목 옮김, 문학동네, 2008
『첫사랑은 블루』 베키 앨버탤리, 신소희 옮김, 돌베개, 2017
『파도』 토드 스트라써, 김재희 옮김, 서연비람, 2017
『페르세폴리스』 마르잔 사트라피, 박언주 옮김, 휴머니스트, 2019
『피노키오』 카를로 콜로디, 이기철 옮김, 보물창고, 2021
『해리 포터』 J. K. 롤링, 강동혁 옮김, 문학수첩, 2019
『헝거 게임』 수잔 콜린스, 이원열 옮김, 북폴리오, 2020

인용문의 저작권

18쪽의 문장은 프리모 레비의 『지금이 아니면 언제?』에서 인용했다.

48쪽의 미야자키 하야오의 말은 로저 이버트의 인터뷰에서 발췌한 것이며, 다음 사이트에서 확인할 수 있다.

www.rogerebert.com/interviews/hayao-miyazaki-interview

56쪽의 로렌조 마토티의 문장은 다음 보도자료에서 인용했다.

https://www.trmtv.it/cultura/cinema/2020_08_26/247060.html

86쪽의 문장은 이탈로 칼비노의 『왜 고전을 읽는가?』에서 인용했다.

133쪽의 문장은 단테 알리기에리의 『신곡』(천국편)에서 인용했다.

167쪽의 알레한드로 란데스의 말은 〈모노스〉 보도자료에서 발췌했다.